改革开放元勋画传丛书

任仲夷画传

任仲夷画传

李次岩 著

人民出版社

坚持真理 实事求是

任仲夷 一九九九年九月廿日

出版前言

改革开放开启了中国特色社会主义道路，开启了中国的新纪元。邓小平是这条道路的开创者、总设计师与主帅，历史将永远铭记他的不朽功勋。与他一起披荆斩棘的还有他的战友、他手下的大将们，这些改革开放的元勋们和主帅一道团结带领亿万中国人民共同开辟了我们今天的新征程。他们的贡献值得大书特书，他们的事迹值得记忆与敬仰，他们是今天走在改革开放新征程的广大党员干部的榜样与楷模。

为了缅怀这些改革开放的元勋，方便读者特别是广大干部熟悉学习这些楷模与榜样，我们决定出版《改革开放元勋画传丛书》。为使丛书内容早日呈现读者，我们根据书稿撰写进展情况，采取分辑分册方式出版。

中国已进入改革开放的新时代，以习近平同志为总书记的党中央已发出了具有划时代意义的改革开放新宣言。实现这一宣言，需要一大批具有与时俱进、时不我待精神，具有天变不足畏、祖宗不足法、人言不足恤气魄的勇将，需要无数投身改革开放的干部，需要亿万民众的共同奋斗。只有这样，我们的伟大事业才能不断得以向前推进。

人民出版社

2014 年 8 月

目　录

一、幼年痛失亲娘，终生孝敬后娘

　　1914 年 9 月 20 日，冀南大地秋高气爽，艳阳高照，一望无际的青纱帐在秋风中摇拂。这一天，任仲夷出生在河北省威县梨元屯镇（梨元屯 1940 年前属山东省冠县所辖）西小庄村。

　　任仲夷的父亲任研佛，原名任永昌，是梨元屯远近闻名的读书人，写得一手好字，长年在山东省中学教国文，有时兼教

任仲夷出生在河北省威县梨元屯镇西小庄村，这是他祖居的院落

任仲夷在祖居的这个房间出生

英文，不常回家。他娶了同乡一位姓马的姑娘，头胎生了个女孩，6年后才等来这个儿子，教他如何不喜上眉梢！

任研佛是在山东省中学任教国文的饱学之士

任研佛是饱学之士，为给儿子起个好名苦思良久，他双掌一拍："就叫兰甲吧。""兰"是家族排辈序字，儿子系甲寅之年出生，父亲冀望他日后脱颖而出，样样都第一，便取个"甲"字。兰甲这个名字，一直用到读大学，到他离开大学投身抗战时，按组织的要求改名为任夷，抗战胜利后又改名为任仲夷，直至去世。

兰甲两岁多时，娘又生了个妹妹，取名玉蓉。兰甲生性乖巧伶俐，依恋爹娘，姐弟间感情很好。他天资聪颖，又得爹精心诱导，小小年纪就能背不少古文诗句，甚得爹娘疼爱。爹在外教书挣钱，收入微薄，虽然一家人日子过得紧巴巴，倒也其乐融融。

然而，兰甲的童年正处于腥风血雨的军阀混战时期。冀南平原连年混战，捐税重重，官吏腐败，地主剥削，加上灾害频繁，长期旱、涝、风、沙、蝗等交织，又有瘟疫肆虐，民不聊生啊！兰甲4岁多时，厄运突降。娘带他到一个很远的地方走亲戚，没想到娘竟不幸染上黑热病，缺医少药抢救无效，很快命丧黄泉！兰甲摇着炕上的娘哭喊："娘呀，你醒来啊！兰甲叫你呢，你没听到吗？"

但是，任凭他把嗓子哭

任研佛在接连遭受丧妻丧女的沉重打击后，矢志把儿子任仲夷和女儿任玉蓉抚养成人，便把任仲夷带到山东

　　1947 年初，任仲夷任大连市副市长时，把父亲和后娘从战火纷飞的国统区济南接到已经解放的大连同住。图为任仲夷与父亲、后娘在大连

　　任仲夷在父亲去世后，仍十分牵挂一直独居在济南旧居的后娘，在 1978 年秋赴京开会后专程去济南看望她。图为他当时在父母旧居的家门前感慨万分

任仲夷 9 岁时与 3 岁的弟弟合影

1950 年初，任仲夷与后娘及儿子任念崎（右一）、任克宁（右三）在大连。这一年父亲和后娘又回到了已解放的济南定居

哑，娘就是唤不醒。亲戚们将娘的遗体摆上大车，抱起兰甲放在娘身旁，让人赶紧拉回家乡。兰甲一路颠簸摇晃，一路摸着娘冰凉的手放声大哭，眼睛严重感染，发炎红肿完全看不到东西。最后，只听到大人的喊声："小小呀，别哭了，到家啦，下车吧！"从此，他和亲娘永远阴阳两隔。

半年后，兰甲的姐姐竟然又在瘟疫中死去了！兰甲惊恐万状："天啊！娘和姐咋说没就没了呢？我和妹的日子咋过呀？"

接连遭受沉重打击，任研佛痛不欲生。他见到一双泪水涟涟的年幼子女，与厄运抗争的勇气陡然而生："绝不让瘟神再夺走这两个小生命了，一定要把他们抚养成人！"他把兰甲带回到自己任教的山东省菏泽市，女儿玉蓉只能寄养在家乡的亲戚家了。

后娘韩齐眉在济南独居

为终止噩梦，任研佛不久在家乡娶了一位姓韩的姑娘。特意给她改名"齐眉"，取"举案齐眉，偕老永随"之意，他渴望拥有一个长久美满的家庭。韩齐眉不负丈夫的苦心，到山东后，对兰甲关爱备至。兰甲6岁时，后娘生了个弟弟，父亲起名"兰田"，"甲"比"田"长一截，

1978 年，任仲夷到济南看望后娘韩齐眉

2004 年 10 月，时年 91 岁的任仲夷回到阔别了 60 年的家乡，乡亲们热烈迎接他

2004 年 10 月，任仲夷的儿子任克宁（右）、任克雷（左）随父亲回家乡，分别站在祖父母的墓碑两旁

2004 年 10 月，任仲夷回到祖居看到这套桌椅时，动情地说："这是我小时候坐过的椅子啊！"

兄弟自然分出。

家庭一天天好起来，三个子女也都抚养成人，任研佛"举案齐眉，偕老永随"的心愿，在多灾多难的漫长岁月中实现了。他与韩齐眉相敬如宾，50 多年没分开过，直到他去世，妻子都相伴在身边。

兰甲是出名的孝子，对父母十分恭顺，视后娘为亲娘，从未与她红过脸。从解放初期开始，他和妻子王玄每月从工资中都抽出一部分寄给父母，从未中断过。他们还培养儿子们从小孝敬老人，先后让二儿子任克宁、三儿子任克雷负责办理给爷爷奶奶汇款的事项。即使在"文革"最困难的时期，他们被造反派强行扣下工资，夫妇俩每月只领到 80 元生活费，也要按惯例给父母每月汇去 50 元钱，一家人只留下 30 元艰难度日，还要瞒着父母亲。1968 年父亲去世时，他们正被关在"牛棚"里，后来知道了仍然给后娘每月照汇 50 元，直到后娘去世为止，汇款坚持了 30 多年之久。

二、深受爱国教育家马千里影响

从1921年到1937年的16年间，任仲夷先后读过4所学校：直隶第一模范小学校、河北省立第一中学校、河北省立法商学院、中国大学。前三所位于天津，现均已更名。后一所位于北平，现已不存。

他选读这4所学校都与父亲的心愿有关。任研佛对平津一带的好学校了如指掌，一心让儿子读上最好的学校。任仲夷遵从父亲的指引，每次总以优异成绩考入父亲指定的学校。这4所学校都是名校，校风好，师资雄厚，学习氛围浓厚，更重要的是进步力量活跃，具有光荣革命传统，师生

任仲夷晚年回忆起这张少年时的照片说："照片上父亲的题签说我是15岁，其实我只是14周岁，是读中学的年龄。报考中学时我用的就是这照片。"他还在照片上写下"1928 7"，表示是在1928年7月考入河北省立第一中学校的

河北省立第一中学校现为天津市第三中学，校园内现放置着于方舟、安幸生两位烈士的塑像

天津市第三中学校园内的铃铛阁

河北省立第一中学校校长马
千里

中涌现出大批德才兼备、追求真理、热血救国的优秀人物，对任仲夷的成长影响极大。

1928 年秋，任仲夷考入誉满津门的河北省立第一中学校。这所学校创立于 1901 年，是天津近代第一所官办中学，现为天津市第三中学。它是一所有光荣革命传统的学校，中共天津地委第一任委员长于方舟、工运领袖安幸生两位烈士均出自该校。1922 年李大钊在天津发展的 8 名中共党员中有 4 名是省一中学生。

任仲夷入学时，天津著名爱国活动家、教育家马千里出任省一中校长，对他影响极大。马校长把行李搬到学校，大力整顿校务，调整充实师资，实行新学制，调整新课程，扩充教学设施，提高教学质量。他又建起能举办运动会的体育场地，每天早晨带领学生在操场跑步，学校体育水平之高在天津乃至全国有名。1902 年成立足球队。篮球队两次代表中国参加第一、二次远东运动会，第二次获得亚军，第三次远东运动会也派球员代表中国参赛。任仲夷从小喜欢体育活动，尤其爱打篮球、踢足球，就是在省一中培养出来的，强健的身体使他日后经受战争的严酷考验和在繁重的领导工作中保持旺盛的精力。他从进入省一中到 1980 年赴任广东的半个世纪里，没有住过一天医院，即使"文革"的残酷折磨，也没能摧垮他的身体。应当说，是河北省一中为他奠定了良好的健康基础。

任仲夷深受省一中浓厚的爱国教育影响。马校长将学校礼堂改为中山纪念堂，任仲夷和同学们每天晨会都到那里面对孙中山遗像，朗读总理遗嘱，并由马校长带领高呼墙上的两句标语："打倒日本帝国主义！""勿忘'五九'国耻！"学校每周举行一次总理纪念日活动，听马校长关于继承孙中山先生遗志的

1991 年 1 月，任仲夷为母校天津三中建校 90 周年校庆题写了"我爱母校"。学校把题词镌刻为金匾，悬挂在教学楼门前永远教育后人

讲话。每逢国耻纪念日（即牢记1915年5月9日袁世凯政府接受丧权辱国的"二十一条"之日）马校长都登台演讲，激励同学救亡图存，做对社会有用的人。

任仲夷参加马校长组织的反日大游行，和同学们一起高呼"取消不平等条约""不买日货"等口号。第二天，他和同学们把日本造的铅笔折断扔掉，有的同学还丢弃日本产的搪瓷脸盆，以表达对日本帝国主义的义愤。每到国耻纪念日，他都和同学们一起去做社会宣传。

马校长还教育学生培养良好的生活习惯，如不随地吐痰、随身带手绢、穿着校服整洁等。马校长的这些教育，使任仲夷懂得从大处着眼树立救国救民、追求真理的大志，从小处着手学会待人接物、做事认真的良好品格。

马校长长期住校办公，积劳成疾，不幸因患脑溢血溘然去世。任仲夷和师生们万分悲痛，到马家致祭。开追悼大会时，前来吊唁致哀的人数之多，为当时天津少见。

1931年日军蓄意制造"九一八"事变后，学校继任校长李邦翰在礼堂发表抗日救国讲话，任仲夷和全校学生都填写了救国志愿书。任仲夷和进步学生还在班里组织了讲演会，讲述并讨论国难及其如何应对等问题。这时学校接收了从辽宁迁移来的38名学生借读插班，任仲夷从这些东北孩子口中听到了日寇侵华的罪行和东北义勇军奋起抵抗的事迹，更激起他抗日的决心。

三、与同窗好友杨易辰共誓驱日寇

1931 年秋，任仲夷考上了位于天津的河北省立法商学院。该学院前身是袁世凯于 1906 年创办的中国最早的法政学校——北洋法政专门学堂。该校同样具有光荣的革命传统，是天津大中学校的一面旗帜。李大钊是该校毕业生，他在母校

李大钊（二排左四）与北洋法政专门学堂（河北省立法商学院前身）的直隶省籍本科同学合影

李大钊在北洋法政专门学堂
读书时的照片

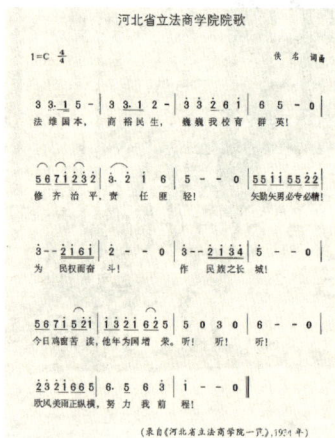

任仲夷在河北省立法商学院
读书时的校歌

18周年校庆纪念大会讲演中对母校作了很高评价："那时中国北方政治运动首推天津，天津以北洋法政为中心，所以我校在政治运动史上是很重要的。"天津解放后，该学院并入了南开大学。

任仲夷在校时，学校比较开明，一直保持学术自由、兼容并包的优良传统。从20世纪30年代初起，共产党员、法学家张友渔即应聘到该校任教。之后，学院有了共产党的组织活动，中共天津地下党特科成员杨秀峰任院长秘书兼政治系教授，中共北方局特科天津负责人南汉宸和天津抗日救亡运动的领导人、地下党员温健公、何松亭、闻永之、连以农等都曾在该院任教。全校学生思想倾向进步，政治空气非常浓厚，使该校成为天津学生抗日救亡运动的重要策源地之一。

任仲夷思想活跃，积极参加政治学会、时事座谈会、学生自治会等进步学生团体，开展抗日救亡宣传活动，他开始接触到马克思主义学说。

任仲夷与辽宁来的插班学生杨易辰同班同桌又同住一间宿舍。两人同年出生，志同道合，很快就成了好朋友。杨易辰原名杨振九，身材高大魁梧，

任仲夷与杨易辰同班同桌同宿舍同志向，两人成为终生莫逆之友。图为读书时的杨易辰

具有东北人豪爽直言的性情。他对任仲夷讲述了自己的身世：父亲在政府里有着一份很好的职业，他是独子，深得父母疼爱。然而"九一八"之夜，日本兵在他所读的沈阳冯庸大学预科高中操场四周架起机关枪，强令校方交出训练用的枪械。他和师生们被当作人质围困了三天三夜，天上下大雨，滴水未进的师生们又冷又饿，许多人体力不支昏倒在地。日本兵收缴枪械后，强令学生们当天全部离校，不准再上课。他满怀悲愤，只身前往北平打算投奔义勇军，途经天津过家门而不入。父亲派人硬把他拖回家，苦苦相劝，他只好考入法商学院读书。

任仲夷听罢异常激动："你的仇，就是我的仇，全国人民的仇！我俩大学毕业后一起上战场，誓把日本鬼子赶出去！"

　　杨易辰伸出双手："一言为定！"两腔青春滚烫的血交织在一起，四只手紧握久久不分。

　　从此，两人都投入中国革命的洪流中，成为并肩战斗几十年的老战友。1980年，任仲夷主政广东前后，杨易辰担任黑龙江省委第一书记，后又出任最高人民检察院检察长。

左图前排左三为任仲夷
右图二排右三为任仲夷

四、"一二·九"游行与军警奋勇搏斗

1934 年秋，任仲夷、杨易辰及几十名河北省立法商学院的毕业生一起考进了北平中国大学，他们中的大部分人后来成为中大的抗日救亡骨干。任仲夷在中大读政治经济学系，杨易

北平中国大学大门

辰读法律系。

这所大学是孙中山于 1912 年冬在北京创办，定名为国民大学，1917 年春改名中国大学。李大钊、鲁迅等曾在此讲学。中大师生在北京历次反帝反封建斗争中都走在前列，培养出一大批革命志士。正如任仲夷晚年在回忆中大的文章中所写："中大就像抗日战争中的解放区一样，成了北平学生运动的一个活动中心。"

任仲夷入学时，正是"九一八"事变后马克思主义在中大迅猛传播时期。他经常听李达、吴承仕、杨秀峰、黄松龄、吕振羽、曹靖华、齐燕铭等一批红色教授的课，通过系统学习马克思主义理论，从一个单纯的爱国主义者逐渐转变为一个马克思主义者。

任仲夷在同系师兄、中大学生会主席、北平学联主席、共产党员董毓华的带领下，奋勇投入了抗日救亡运动。1935 年 12 月 9 日，全北平大中学校学生举行大规模的示威游行，反对成立"冀察政务委员会"，反对华北自治运动，反对日本侵略华北。这次游行成为后来席卷全中国的"一二·九"抗日爱国运动的发端。

上午 9 时，中国大学校门突然打开，全市行动总指挥董毓华带领中大学生冲出校门，任仲夷紧随其后。队伍冒着零下十六七度的严寒奔赴西直门，准备与城外清华、燕京等大学请愿队伍会合。但当局却关闭所有城门。董毓华果断决定不与军

任仲夷读中国大学时经常利用假期回济南看望父母。图为1935年任仲夷在济南父母家的门前

1935年12月9日，全北平大中学校学生发起了"一二·九"抗日救国示威大游行，董毓华带领中国大学学生队伍走在前列，任仲夷紧随其后。图为学生们在游行中高呼抗日救亡的口号

董毓华，中国大学政治经济学系学生、中大学生会主席、北平学联主席、共产党员，"一二·九"大游行时担任全市行动总指挥，对任仲夷走上革命道路影响很大

警纠缠，率队直接奔赴新华门向国民党政府北平军分会发起请愿。任仲夷和同学们一路冲破军警的阻拦，10时半到达新华门，向国民党北平军分会代委员长何应钦递交要求抗日民主的请愿书，但何应钦不敢出来，拖了很久才派秘书侯成出来应付。侯成拒绝了学生的正义要求，乱弹"攘外必先安内"滥调，激起学生们极大愤怒。董毓华、宋黎等学生领袖马上决定将请愿改为示威。

任仲夷和同学们一边高唱"工农兵学商，大家一条心，不分男女性，合力奔前程。我们不要忘了救亡的使命，我们是中国的主人……"，一边向沿街的群众宣讲抗日救国道理，散发传单，得到民众鼓掌支持。游行队伍到达王府井大街时，何应钦派出的大批军警前来拦截，他们手持大刀、皮鞭、枪柄、木棍，毒打手无寸铁的学生，打伤100多人，抓捕30多人。董毓华身上的衣服被扯破，脸上和围巾都有血迹，但仍然抢救受伤的同学，帮助体弱的

"一二·九"大游行当天，董毓华率北平城内学生队伍奔赴西直门拟与城外的学生队伍会合，但遭反动当局关闭城门，里面的队伍出不去，外面的队伍进不来

同学挣脱军警的追打。任仲夷和同学们在董毓华带领下，一面高呼"打倒汉奸走狗"的口号，一面赤手空拳同军警搏斗。军警用消防车上水龙头喷水袭击学生，董毓华夺过水龙头反射军警。任仲夷和同学们冒着冰冷的水柱挽臂前进，学生们的鲜血结成了冰。军警打散学生游行队伍。董毓华当即决定化整为零，分成若干演讲小分队在人群密集处演讲抗日救亡的道理。任仲夷按照董毓华的指挥参加了演讲，听者众多，群情汹涌，大获成功。

12月16日清晨，任仲夷把同宿舍的杨易辰和其他宿舍一些原河北法商学院但没参加9日游行的同学叫起床说："今天

当学生游行队伍到达王府井大街时，大批军警冲出来拦截，并挥舞大刀、皮鞭、枪柄、木棍，毒打手无寸铁的学生

军警用消防车水龙头喷水袭击学生，学生夺过水龙头反射军警

"一二·九"大游行当天，反动当局对学生行动早有所闻，军警严阵以待

新华门前军警戒备森严，阻止学生队伍进入中南海

是冀察政务委员会成立之日，我们还要举行一次更大规模的示威游行，你们是否愿意参加？"杨易辰毫不犹豫地带头说："愿意，早就盼着这一天了！"其他人都纷纷表示参加。任仲夷说："好！今天你们要装着上街闲逛，三三两两地走出校门，不要让人发现，到指定地点集合。"

这次北平学联采取声东击西的办法，事先对外宣布要在天安门集会。当大批军警聚集在天安门警戒时，各校学生分为4路共1万余人分头到达天桥与市民会合召开大会。任仲夷、杨易辰等人领着市民高喊"反对华北特殊化"等口号，还贴标语，

1935年12月16日，北平学生举行第二次更大规模示威，游行队伍在前门外广场集合

发传单。上午 11 时大会举行,天桥广场的人群已达 3 万多人,指挥部负责人之一黄敬站在电车上慷慨激昂地发表演说。任仲夷深深感受到了民众力量的伟大!

会后举行游行。当队伍行至宣武门,突然几十辆摩托车冲进游行队伍,上千名军警一拥而上,挥动枪托和皮带抽打,爱国学生遭到血腥镇压。任仲夷、杨易辰等与军警进行徒

12 月 16 日上午 11 时,会集到天桥广场上的学生和市民举行大会,游行指挥部负责人之一黄敬站在一辆电车上发表演说,带领群众高呼口号。托举他的是北平学生领袖之一宋黎(下前者)

当学生游行队伍行至宣武门时,上千名军警一拥而上,对爱国学生残酷殴打

学生游行遭到军警血腥镇压，爱国学生被打伤300多人、抓捕30多人

1935 年 12 月 22 日，北平学联在中国大学逸仙堂举办血衣展览，展出 "一二·九" "一二·一六" 事件中受伤学生的 500 多件血衣。会场上方是展览筹办者白乙化手书的 "血淋淋铁的事实" 七个大字

白乙化,抗战时期先后担任抗日民族先锋队总大队长、华北人民抗日联军副司令员、八路军晋冀军区第十团团长、晋察冀抗日联军副司令员,屡创敌寇。1941年2月4日在密云山区与日伪军激战时以身殉国,年仅29岁

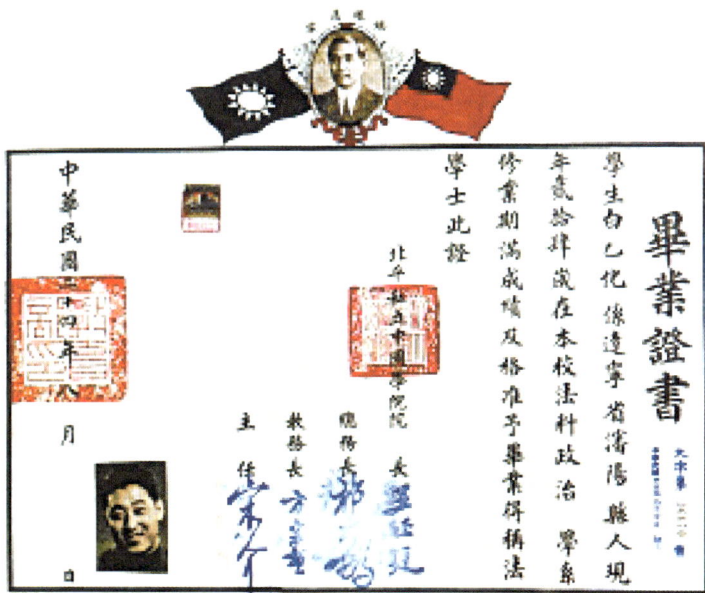

白乙化的中国大学政治学系学士毕业证书

手搏斗。夜幕降临，反动当局熄灭了所有路灯，军警打伤学生300多人，抓捕了30多人。任仲夷和进步学生对国民党腐败政府倍感愤恨，决心把革命之路走到底！

1935年12月22日，北平学联在中国大学逸仙堂举办血衣展览，展出"一二·九""一二·一六"事件中各校受伤学生的500多件血衣。展览是由董毓华和中大毕业生、北平学联联络人白乙化筹办的，白乙化具体负责。这个展览更激发起包括任仲夷在内的北平爱国师生和广大民众对反动当局的愤慨和抗日救国的决心。

五、"二月雪天"罢课搬大钟

　　1936年2月21日,中国大学逸仙堂召开全校师生大会,学生会主席董毓华正在作报告,介绍"一二·九""一二·一六"学生运动的经验总结以及北平学生寒假期间深入农村、南下宣

中国大学礼堂——逸仙堂。1936年2月21日,中大学生会主席董毓华在这里向全校师生作"一二·九"运动总结报告

正当董毓华向全校师生作报告之时，反动军警包围中国大学并冲进校内逮捕 60 多名学生及 1 名教授。是日大雪纷飞，该事件史称"二月雪天"

传的情况。

忽然，几百名全副武装的军警包围了中大，他们乘警车冲进学校，在学校当局和特务分子的带领下，要冲入会场进行大搜捕。杨易辰率领学生纠察队与军警搏斗，将他们挡在门外。军警挥舞警棍驱赶阻拦的学生。同学们愤怒了，不顾一切与军警扭打起来，逸仙堂内顿时桌椅横飞，乱作一团。军警鸣枪

恫吓，任仲夷、杨易辰趁乱掩护董毓
华、王桐等学生领袖从侧门逃脱。军
警把 20 多名学生和一位教授当场抓
捕带走。当天夜里，警察又把国学系
十四班全班 30 多个同学都抓去，前
后逮捕学生 60 多人。被抓的同学不
仅受到军警棍棒、皮鞭的残酷殴打，
还被押入监狱，成了囚徒。

刘铁之

这一天正是严寒隆冬，大雪纷
飞，中大同学就把这次大逮捕称为"二月雪天"。被捕学生刘
铁之（鲁方明）在狱中用《满江红》曲调编了一首歌曲。歌词
是："二月雪天，被捕在中大门前。一个个，绳捆索绑，警镣
军鞭。若问犯了什么罪？为爱国家锦江山！军监中，军法严。
戴脚镣，衣衾寒。铁窗里，从此做了囚犯。一天两个窝窝头，
清水菜汤无油盐。再想起敌寇入腹地，发冲冠！"这首歌编出
后，很快就在中大及北平各校学生中流行开来。

"二月雪天"后，中国大学笼罩着一片白色恐怖的气氛。
反动当局取缔了北平学联，中大学生会负责人也大多被捕。这
时，由反动的中大总务长祁大鹏把持的学校当局勒令停止学生
运动。同学们非常气愤，纷纷质问校方："为什么你们不保护
学生，反而带领军警逮捕学生？"但校方不予理睬。全校同学
万分激愤，有的甚至泣不成声。学校当局却装作若无其事，命

"二月雪天"后，中大校园内一片萧杀，虽然当局命令学校敲钟上课，但全校学生坚持罢课，教室空无一人

令上课的钟声照样当当作响，以示入狱的爱国同学罪有应得。此时爱国学生哪还有心思上课呢？每逢听到上课钟声，大家就感到愤怒。

那几天，任仲夷借用北平政法学院学生李铨的油印机刻写和印制了许多传单，约同杨易辰在校内秘密散发。传单内容是："爱国无罪，抗议当局逮捕爱国学生""全校同学罢课，誓做被捕同学的后盾""要求当局立即释放被捕同学"等。

2月24日，任仲夷悄悄问杨易辰："咱俩把那口打点大钟搬掉，怎么样？"

杨易辰一拍大腿:"好主意!这显示学生不屈服的决心,马上动手!"

他俩趁夜深人静之时悄悄溜到挂钟处。大钟被牢牢拴在一棵用木棍支起的大树干上,高达3丈,要把这几十公斤重的大钟搬下来确实很困难。

任仲夷负责放哨。杨易辰身高手长,用学过的武功飞身上树,很快将系钟绳索解开,用一只胳臂抱住大钟,一点一点使出全身力气搬下来。任仲夷在下面接应。他俩把那口大钟抬到后院的一口深井边想扔下去,但发现井口被冰封得太小放不进去。只好又抬着它绕道150多米到校园西边的一座假山,杨易辰钻进洞里把大钟藏起来了。

第二天清晨,钟声不响了。全校师生都感到惊奇:"咦,那口大钟为什么不响了?"有些同学好奇地跑到树下察看后高兴地说:"看来大钟也和我们一同行动,罢课了!"

半个世纪后,任仲夷晚年写到这一机智行动时仍饶有风趣地说:"大钟突然失声,不翼而飞,对许多人来说,至今还是个谜哩!"

1936年4月,在北平党组织和进步师生的努力下,"二月雪天"被捕的学生终于获得自由,返校时受到广大师生的热烈欢迎。

六、挑起中国大学党支部书记重担

1936年2月26日，北平政法学院学生李铨找任仲夷谈话，问他是否愿意加入中国共产主义青年团，他毫不犹豫地表示愿意。几天后，组织就批准任仲夷入团，并担任中大团支部支委。

1936年3月，根据中共中央精神，北方局决定取消中国

中国大学学生宿舍。任仲夷担任中大党支部书记期间，经常秘密活动在这些宿舍之间，工作卓有成效

共产主义青年团，原有团员一律转为共产党员。这年6月初，任仲夷转为共产党员，同时担任中大党支部组织委员。

1936年6月末，上级决定由任仲夷担任中大党支部书记。这时日寇侵华日益猖獗，国民党政府节节退让，北平笼罩在白色恐怖下，党的力量比较薄弱，中大已抽调大批优秀干部到校外工作。他刚入党就全面承担起中大

刘少奇批关门主义和冒险主义文章

党的工作，可谓临危受命。但他暗下决心，为国家为民族迎着激流上。

他认为挑好这副担子，首先要掌握好党的方针政策，既不偏"左"也不偏右。这段时期全党在纠"左"，他也参加纠"左"，这为他后来一生坚决抵制"左"的错误打下第一个良好的基础。他发给每个党员一份用薄薄棉纸制成的绝密文件——北方局机关刊物《火线》，组织党员学习有关纠"左"内容，着重学习北方局书记刘少奇的文章《肃清立三路线的残余——关门主义冒险主义》。他把反对冒险主义和关门主义，把工作转到

1936 年，任仲夷两次组织中国大学学生反日示威游行中都坚决执行党的方针政策，注重策略，游行队伍井然有序，大获成功

建立最广泛的抗日民族统一战线上来，列为党支部工作的头等大事。

任仲夷总结了以往的学运经验，在 1936 年 6 月 13 日北平学生举行反对日本向华北增兵的示威游行中，坚持掌握党的正确方针政策，严格按照北平市委和学联的要求，把过去示威游行呼喊过的"反对冀察政务委员会""打倒宋哲元"等过左口

任仲夷与中国大学部分进步学生合影。前排左起：吕世隆、任仲夷、管大同；后排左起：李崇勋、于希堃、王拓、梁国华、杨易辰

任仲夷经常组织地下党员骨干借外出活动讨论时局和工作。图为1936年秋他们步行去圆明园

20世纪50年代，原中国大学几名中共地下党员相聚在黑龙江省松花江畔回首革命岁月，感慨万千。左起：管大同、杨易辰、邹问轩、任仲夷

号，改为"拥护宋哲元坚决抗日""拥护29军保卫华北"等口号。他汲取以往游行的教训，在游行中运用游击战术，敌来我走，军警从前面阻拦，学生队伍就将后队做前队，把军警抛在后边。他要求学生不断向军警宣传抗日救国的道理，劝军警不要充当反动派的帮凶，效果很好。有些军警不愿动手打人，但上司又逼令他们驱赶学生，便与学生抱头痛哭，其情景甚为感人。他还要求当学生队伍被驱散时，立即分散到指定地点集合。护校纠察队队长杨易辰则随机卷起大旗藏在怀中，到安全地方后再把旗帜亮出来重新集结队伍，使游行取得圆满成功。

1936年12月12日，北平学生又举行了一次大规模的抗

1995 年 12 月，任仲夷（站立者）参加广州地区纪念"一二·九"运动 60 周年大会

2000 年 12 月，任仲夷（右二）参加广州地区纪念
"一二·九"运动 65 周年座谈会

日游行示威。事前，任仲夷通过党支部告诉大家，游行中要按规定呼喊"庆祝绥远抗战胜利""各党各派联合起来一致抗日"等口号，把行动安排得严密而机智。党支部提前一天通知每个党员和民先队员，使广大同学都知道明天的行动，但不在学校集合，而是到外面几个地点集中后会合，以免遭军警拦截。结果，这天的示威游行又取得成功。

任仲夷还投入极大精力发展新党员。他坚持反对关门主义的"左"倾错误，在支部研究谁够不够入党条件时，很少考虑申请人的阶级成分和家庭出身，主要看本人在思想上和行动上的表现。他考虑党处于绝对秘密状态，明确新党员入党时只需1人介绍，并不规定预备期，也不强求经过什么仪式，以求党组织安全。

据任仲夷晚年在回忆中大的文章中所写，他初任支部书记时，只有党员10余人。在他担任书记这一年里，经过不懈努力，达到六七十人。这在千余人的大学中是相当大的比重，在北平各大学中也是很突出的。他依靠党员力量把全校同学团结起来，成了北平学运的一面旗帜。他的出色表现，赢得北平党内外的一致好评。

1937年6月下旬，中共北平市委组织部部长王德通知任仲夷，市委决定调他担任中共北平市西北区区委书记。他再次临危受命，在民族危难关头，万死不辞！

七、假扮夫妻成为终身恩爱伴侣

1936年暑假，为便于地下活动，任仲夷化名任所之，搬出校外住进西单太仆寺街德权公寓西座二楼。公寓里租住的都是在北平读书的外地学生，任仲夷闲暇时常坐在长廊栏杆边拉二胡。

有6个女学生住在公寓东座一楼，与他隔院相对，常被他的琴声吸引。她们喜欢唱《毕业歌》《打回老家去》等救亡歌曲，唱得最多的是《松花江上》："九一八、九一八，从那个悲惨的时候，脱离了我的家乡，抛弃那无尽的宝藏，流浪！流浪！整日价在关内，流浪……"她

1986年4月，任仲夷和王玄夫妇在北京市西城区找到了当年的太仆寺街德权公寓西座二楼。半个世纪前他们在这里初次相识，身后是任仲夷当时居住的房间

们哀怨的歌声，深深打动了任仲夷。他了解到，她们都是东北
大学学生，从关外流亡到关内读书。他注意到，其中有个叫王
杰（王玄曾用名）的姑娘比较突出，身材高挑，皮肤白皙，活
泼而不失沉稳。他对她产生了好感。

　　一天，王杰发现有人在她们的厕所门板上用粉笔写了两行
字："希望你们不仅会歌唱，还希望你们拿起刀枪上战场。"王
杰暗忖，可能是对面那个拉二胡的小伙子干的。她从公寓茶房
处查到，他叫任所之。

　　德权公寓附近有家电影院，经常在周日早场放映进步电
影，王杰她们每周都去看。暑假中的一个周日早晨，电影院放

1986年4月，任仲夷、王玄夫妇和儿子任克雷（中）在德权公寓一
楼，身后的房间是半个世纪前王玄与东北大学几位女生居住的宿舍

映苏联纪录片《今日之苏联》，王杰与女伴又去看。当银幕上出现斯大林的镜头时，学生们爆发出热烈掌声。这时，影院周围布满军警，当局生怕进步学生情绪激动起来会闹事。散场后，王杰和女伴兴奋地边走边谈论电影。几个推着自行车的男生从她们身边走过，其中一个主动与她搭讪："这部电影不错吧？"王杰一看，是任所之，她早注意到他也是每周都来看早

1936 年 3 月创刊的进步周刊《永生》封面

"一二·九"运动中的东北大学学生游行队伍，王玄走在队伍中

场电影，便答道："是呀，不错！"他友好地笑了笑，上车飞驰追赶同伴去了。

不久，女生宿舍门口不时出现小字条，写着某时某地将放映进步电影。王杰猜想这又是任所之干的。之后，她又发现宿舍门口有人扔来一卷扎得很紧的纸卷，打开一看，是进步刊物《永生》。她想这还是任所之干的。一天，她在公寓门口遇到他，便悄声说："不要扔刊物了，危险！"他没说话，后来再也没人扔《永生》杂志了。

1936年6月13日，北平学生举行抗日示威游行，王杰走在东北大学游行队伍前列，途中与中国大学队伍相汇。游行队伍遭到军警驱赶，军警棍棒纷纷落在男生身上，王杰和其他女生手挽手形成人墙，走在最外面继续前进。当晚，任所之到女生宿舍门口对王杰说："今天的游行那么危险，你们东北大学的女生真勇敢啊！"王杰一听就知道他今天也参加了游行，而且一直在关注自己。

暑假后，王杰和女友搬回了东北大学宿舍，但有意思的是，她不时在校内邂逅任所之。她不知道，其实他俩的"邂逅"都是他的精心安排。

1936年11月，王杰加入了共产党，他俩交往更多了。这年12月，北平市委组织部部长王德因叛徒出卖被捕关进北平监狱，党组织指示任仲夷参与营救。任仲夷便约王杰装扮成情侣，多次以亲戚探望送食物为名到狱中向王德传递消息。1937年1

1937 年 7 月 7 日，卢沟桥事变爆发。图为中国守军在卢沟桥头对日军予以还击

1937 年 8 月 8 日，日本侵略军耀武扬威地举行占领北平的"入城仪式"

月，王德被营救出狱，这对假情侣也在革命行动中感情日深。

1937 年 7 月 7 日卢沟桥事变爆发，7 月 29 日北平陷落。中共北平市委书记黄敬召开市委紧急会议决定，为保存实力，学生党员、民先队员、进步青年分批撤出北平，到全国各地去开展抗日活动。任仲夷按照市委的指示，冒着生命危险留在北平，立即组织一批批人员安全撤离。8 月 10 日，他按黄敬的要求奔赴已成平津流亡学生最大集散地的济南，接收流亡学生的党员组织关系。王杰随他一起行动，他们按组织要求把名字改掉，任兰甲（任所之）改为"任夷"，王杰改为"王玄"。

1937年11月中旬，组织交给任仲夷一项新任务：从济南迅速返回北平，为一批仍留在北平的党员转接组织关系。王玄知道后提出："最好我和你假扮成夫妻一起回北平，这样可以减少日军的怀疑。"任仲夷为此向在济南的北平市委组织部部长王德请示。王德一听就同意："好哇，你们就是一对夫妻嘛！"于是，任仲夷穿长袍，王玄穿旗袍，两人装扮成一对做生意的夫妻，操着学过的流利日语瞒过日本鬼子，乘坐满载日本人的火车安全抵返北平。

20世纪90年代，任仲夷（前左）与王德（前右）及王德夫人（前中）在广州亲切见面

1995 年 12 月，任仲夷、王玄夫妇参加广州地区纪念
"一二·九"运动 60 周年大会，在会场外留影

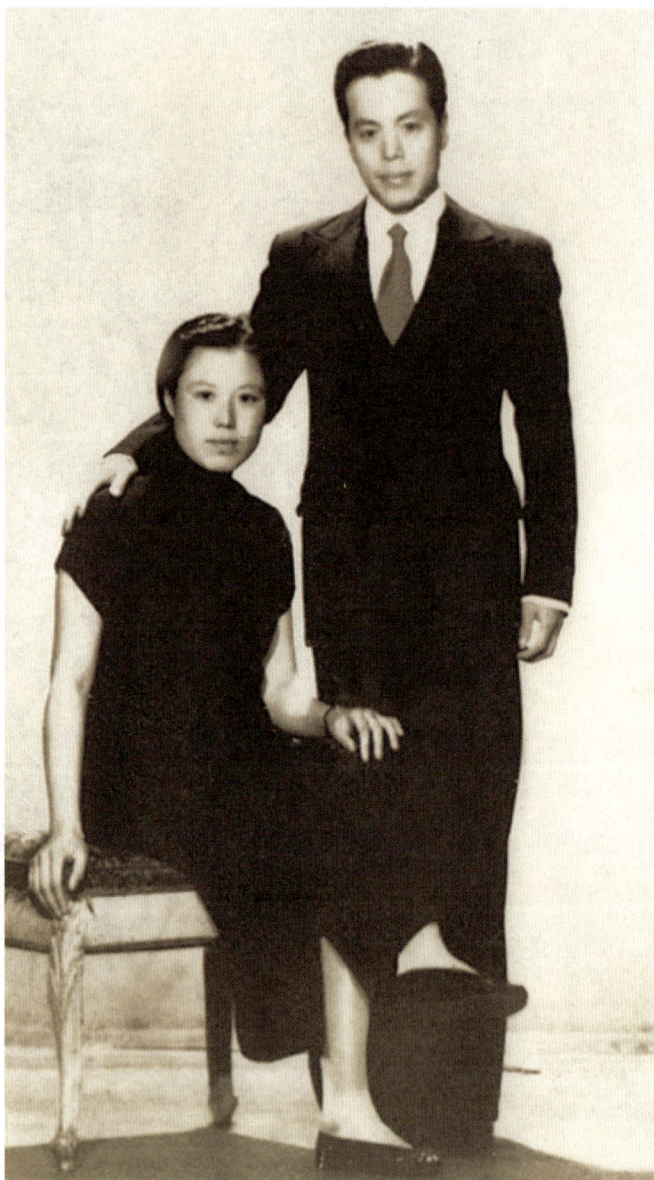

1937年11月，任仲夷与王玄奉命回到北平，在日本鬼子的刺刀下举行了一场"婚礼"——到西单照相馆拍下第一张结婚照。这时他23岁、她20岁，从此两人开始了近70年患难与共的生活

任仲夷在北平马不停蹄地转接北平的党员组织关系。一天，他对王玄说："王德同志说咱们是夫妻了，表明组织上同意咱们的婚事。中国人成亲最重婚礼，咱们是不是该举行个仪式呢？"王玄说："我也想啊！可是，在这儿，鬼子的刺刀下，怎么举行呢？""咱们在敌人眼皮下照张相，不就行了吗？""好主意！"

王玄高兴地换上旗袍，穿上绣花鞋。任仲夷穿上一套向地下党员借来的西装。他找不

任仲夷在拍结婚照时又给自己留下了一张满脸果敢坚定的青春单人照。他知道，即将来临的是一段血雨腥风的漫长战争岁月

到发蜡，便用保养自行车的黄油把头发抹得溜光滑亮。两人到西单附近一家照相馆，举行了一场简单的"婚礼"——拍下第一张双人合照，把战火中孕育成长的爱情永远定格下来。这年，任仲夷23岁，王玄20岁。从此，两人再也没有分开，长达近70年。

在照片中，他和她都没有一般人拍结婚照时那种喜庆的笑容，只有坚毅、沉着。唯有他胸前那条红领带，才显示这一天是他俩的婚庆日。而这一刻，日本兵正在外面街道端着上了刺刀的步枪巡逻。

八、转战鲁西北冀南办抗日干校

　　1937年底，任仲夷与王玄一起离开北平，按计划出发去延安。到了西安的八路军办事处后，等了多日，组织上却通知他们改去山西友军做党的抗日统一战线工作。任仲夷说："为

西安八路军办事处旧址

了抗日，我们到哪里工作都愉快服从！"

1938 年 1 月，任仲夷到临汾的晋绥军 66 师政训处任组织科科长，兼任政训处的中共党总支组织委员。王玄则到了山西蒲县牺牲救国同盟会担任协理员，兼任中共党小组长。他俩虽然不在一处工作，但相隔不远，还能经常见面。

1938 年 5 月，任仲夷和王玄接到上级通知，迅速从晋南赶赴山东聊城，充实鲁西北抗日根据地的骨干队伍。任仲夷和王玄双双进入鲁西北聊城政治干部学校。这是一所中共鲁西北特委帮助山东省第六区行政督察专员兼保安司令范筑先仿效延安抗日军政大学创办的抗日干部学校，对外称山东第六区政治干部学校。范筑先兼任校长，共产党员、北平师范大学教授张郁光任副校长主持工作，任仲夷的老师齐燕铭任教务长，任仲夷任政治教官兼中共党总支委员（后兼任中共党总支书记），王玄任中队指导员、女生队训导员兼中共党总支组织委员。1938 年 5 月，干部学校第一期学员班开学，共举办了 4 期，每期培训 400 人，3 个月毕业。到聊城沦陷为止，为鲁

抗日英雄范筑先，时任山东省第六区行政督察专员兼保安司令，1937 年 11 月通电全国"誓死不渡黄河南"

范筑先组织的抗日武装队伍

西北抗日根据地培养了 2000 余名干部。

任仲夷在政治干校中负责教授辩证唯物论和政治经济学的课程。政治经济学课程没有现成教材，他就利用课余时间自己动手编写教材。在昏暗的灯光下奋笔疾书，每写好一张，让一旁的王玄誉抄，很短时间就完成教材的编写并交付出版。他手头没有任何资料，仅凭在大学所学专

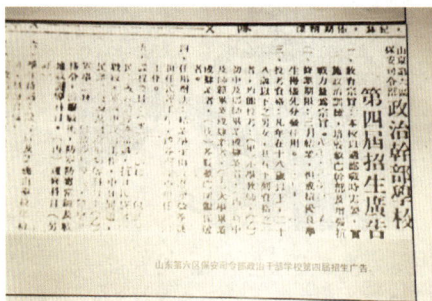

山东第六区保安司令部政治干部学校第四届招生广告。

冀鲁豫边区革命纪念馆展示的
抗战时期政治干部学校招生广告

业的深厚基础和超强记忆力，就能写出一本系统完整的政治经济学教材，实属难能可贵。这本教材在当时条件下也算是印刷比较精美。任仲夷运用这本教材讲课深入浅出，深受学员们欢迎，周边地区的众多年轻学子也纷纷慕名到这所鲁西北著名的抗战学校求学。

1938 年 10 月，任仲夷兼任鲁西北抗日游击第三纵队司令部秘书长。1938 年 11 月 14 日，日军分三路进攻聊城。范筑先通知任仲夷、王玄夫妇

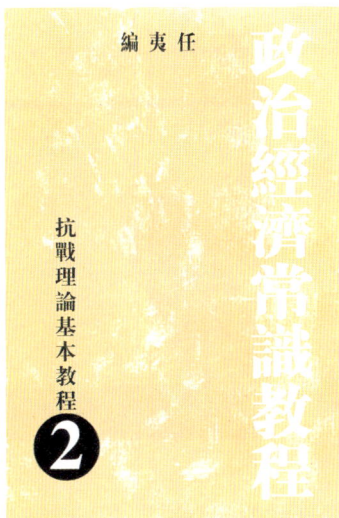

任仲夷（当时用名任夷）自己动手编写的《政治经济常识教程》，他用这本教材为鲁西北抗日根据地培训了 2000 余名干部

冀鲁豫边区革命纪念馆

任仲夷多年来一直寻找他当年编写的《政治经济常识教程》未果。2003年10月3日，他在菏泽参观冀鲁豫边区革命纪念馆时，意外发现展馆保存有这本著作。同时还发现载有他和王玄文章的《战地文化》杂志

任仲夷高兴地在自己当年编写的著作旁留下一幅珍贵的照片，了却平生一个心愿。两年后，他就辞世了

等政治干部学校师生安全撤出了聊城，自己留下来守城。经过两日城内的激战，范筑先、副校长张郁光和司令部政治部副主任、共产党员姚第鸿等人与守城英杰 700 余人全部壮烈殉国。范筑先牺牲后，举国痛悼。聊城陷落后，1938 年 11 月 26 日，任仲夷奉命调到泰西的八路军山东纵队六支队担任军政干部学校校长。军政干校举办了两期培训班，培训了 500 余人。

1939 年 9 月，任仲夷、王玄从泰西调到河北冀南地区，这里是中共创立的重要的华北敌后抗日根据地。任仲夷任冀南行署教育处副处长、冀南党委干部教育处副处长，兼任中共冀南区党委党校校长。王玄担任冀南区妇救总会宣传部长，兼任

冀南政治干部学校和冀南抗战学院的旧址

中共冀南区党委妇委委员。

冀南党政军领导机关一贯重视抗日干部培训工作。任仲夷到任后勇敢挑起这副重担，先后建立了两所抗日学校并担任校长。第一所是 1941 年 3 月开办的冀南行政干部学校，主要轮训在职的县长、区长、专署科局级干部，开办了两期。第二所是 1942 年 3 月开学的冀南政治学校，由前一校与冀南民运干部学校合并而成，学员大都是县、区级工作骨干，也开办了两期。两校在 1 年 9 个月内为冀南地区 6 个专区、51 个县共轮训 840 名干部，为冀南人民夺取抗战胜利打造出一支坚强有力的领导队伍。任仲夷在办校中的出色工作能力和卓越才华，得到广大干部的赞誉，当地流传有"任（仲夷）、王（任重）、李（尔重）冀南三才子"之说。

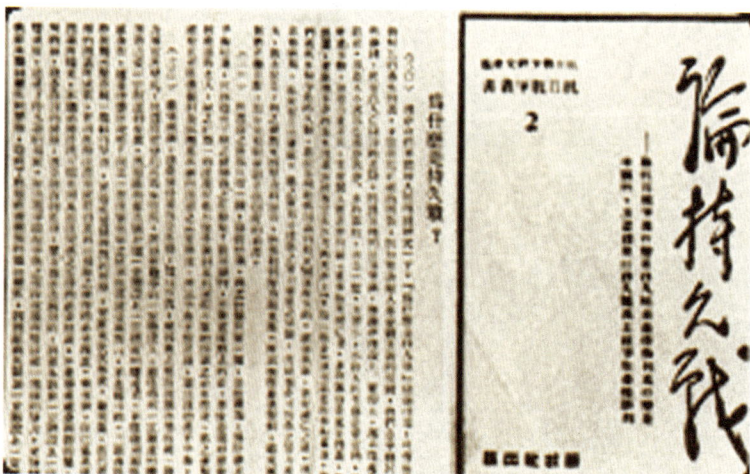

毛泽东的《论持久战》是任仲夷给干部学校学员学习的重点教材

我军在太行抗日根据地野外行军

任仲夷办的这两所学校很有特色，理论与实际紧密结合，生动活泼，大受冀南广大干部欢迎。毛泽东的《论持久战》、北方局书记杨尚昆的《抗日根据地的各项政策》、任仲夷的《政治经济常识教程》等都是教材。还请冀南行署主任宋任穷讲如何战胜困难，冀南军区司令员陈再道讲游击战术，学员很受教益。

任仲夷任冀南行政干校校长时，抗战处于最艰苦的相持阶段。根据地条件艰苦，学校只有七八支枪，每支枪只有十几发子弹，仅够被敌人包围时突围用。为此他要求学员不仅军事化，还要战斗化。每个学员随身带 4 颗手榴弹，一个米袋子和一床被子。每天早晨听到吹号声就打背包，吃饭、上课、讨论、出操都背着背包。开始大家很不习惯，时间一长就感觉任校长这一招既安全又方便。他们有时一天一转移，有时夜行百里，有时周旋在敌人炮火下，遇到敌情随时出发，到安全处随时坐在背包上听课、讨论，到宿营地随时睡觉，不会麻烦群众。

学校在日寇残酷的突袭和扫荡中生存，无固定校址，今天住这村，明天移那村，教员和学员经常在突围中被俘或牺牲。为加强办学力量，任仲夷毅然把妻子王玄调到学校担任教导主任兼专职教员。他为学校写了校歌激励师生，歌词是："我们是一群中华民族优秀的儿女，滏阳河东，卫运河之西，踏遍了我们的足迹。千锤百炼，坚持抗战，一定夺取最后胜利……"

在 1942 年 4 月 29 日的日寇大"扫荡"中，冀南政治学校几名干部和一些学员被敌人俘虏后壮烈牺牲，另有多人受伤。为安全起见，经请示行署，任仲夷果断决定让校本部学员仍回原单位工作，校本部暂时停课（分校继续上课，直到 1944 年 5 月才结束）。他率领学校 11 位干部连夜急行军转移到枣北县，分成几支小分队到几个分区进行"流动教育"，他自己负责五分区"流教"。7 月被召回冀南行署担任教育处处长、党委干部教育处处长，仍继续主持学校工作。

九、夫妻浴血反"铁壁合围"扫荡

冀南是平原地区，1941 年至 1943 年抗日形势最为艰险，日寇进行"铁壁合围""反复扫荡"（这是当时日军的战术专用词），实行"三光政策"，到处是碉堡林立，沟壑纵横，抗日根据地被分割成许多小块。任仲夷夫妻无论在哪里，都能看见敌人的碉堡，甚至可以听到敌人在碉楼上的讲话，他们很少能在

在冀南反敌人扫荡期间，任仲夷多次骑着他心爱的战马冲出日军的"铁壁合围"

1939年1—3月，八路军129师与冀南军区部队共同粉碎了日伪军在冀南和鲁西北地区的"扫荡"，129师主力随后返回太行抗日根据地，准备粉碎日军对太行山区的夏季"扫荡"。图为129师部队向太行山进发

1942年4月29日，华北日军对冀南敌后抗日根据地突然实施"铁壁合围"，冀南军区总部机关被团团包围，仅有的战斗部队129师骑兵团和总部特务团反复冲锋均被日军强大的火力和兵力压制。骑兵团最后关头冒死发起冲锋，伤亡惨重，终于冲开一个缺口，使冀南军区主要机关及大批军民突出日军的"铁壁合围"。图为129师骑兵团人马陷于日军猛烈射击重围中的危难情景

一个地方睡几宿完整的觉，否则就有被合围的危险。

1942 年 4 月 29 日拂晓，敌人 3 万余人在飞机、坦克、大炮、装甲车的配合下，突然分四路向冀南鲁西抗日根据地发动"铁壁合围"。任仲夷率领行政干校队伍随冀南党政军机关大队人马突围时，遭到日机低空轰炸扫射，驮运冀南银行冀南钞票的马匹受伤流血惊跑，钞票漫天飞舞。他们被包围了，为了减少伤亡，大家各自寻找敌人薄弱处突围。

任仲夷身边开始还有十几个人，后来只剩下一位腿部受伤的交通员，王玄不知去向。他叫交通员在附近村庄隐藏起来，自己继续突围，奔跑了 3 个小时总算突破包围。他整天没喝一口水，又累又渴，发现路边有两桶凉水，便一口气喝了有生以来最多的水。傍晚时分，他到达一个叫任庄的村子，感到分外亲切。当地老百姓热情安顿他。第二天一早，他终于安全赶到集合点，见到王玄和干校的二十几位干部，又得知一些干部和

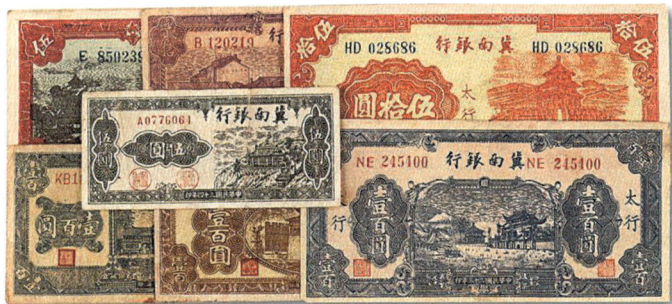

冀南银行发行的冀南票是共产党、八路军领导下的晋东南根据地及后来的晋冀鲁豫边区抗日根据地民主政权流通使用的法定货币

　　1943 年任仲夷担任冀南五地委常委兼冀南五分区专员期间，大力发动辖区军民对敌开展平原作战、地道战、地雷战。他晚年回忆说："冀南平原的地道也和冀中平原一样修建得相当好。我有几次被敌人包围，遭到枪击和机枪扫射，都是依靠地方武装和民兵的掩护，从地道中冲出去的。"图为当年冀中平原开展地道战的情景

　　任仲夷多次组织并参加辖区民兵破坏敌人据点的行动。图为我军攻占日军据点后欢呼胜利的情景

学员不幸被俘牺牲，不禁悲喜交集。

　　原来，敌机轰炸时，王玄趴到麦田里。敌机走后田野不见一个熟人，她便向附近村子跑去。发现一队日伪军向村子包抄过来，她急忙跑进村里的油坊院落，一个老大爷立即将她藏在喂牲口的大草堆里。一群鬼子闯进来喝问："有没有八路跑进来？"老人说没有。

　　日伪军用刺刀在院里乱捅，几次险些刺到王玄。她屏气息声，一动不动，只听到被刺伤或挑死的人的惨叫声。到半夜老人呼唤："同志，出来吧，鬼子走了！"她只见院里遍地鲜血，死伤者已被拉走，老人让她吃饭后派人一站接一站护送她，第二天总算平安归队。王玄激动地说："能活着回来，靠的是这么好的群众支持。我们永远记住他们！"

　　王玄后来在任衡水县县委委员、县抗联主任时，又经历一次惊险境遇。当时她到一个村突然遭日军包围，她急忙跑进一户人家。这家老大娘赶紧帮她挽起发髻，用头巾包住她的头，又用炉

位于故城县的冀南1942年"四二九"反扫荡纪念碑

任仲夷多次组织并参加干部学校学员和民兵破坏敌人碉堡。图为我军民
破坏敌碉堡

灰抹黑她的脸，叫她坐在炉灶前别说话。五六个鬼子闯进来，
端着刺刀步枪问："你的什么人的干活？"她低头不语只顾拉风
箱。老太太连忙说："她是我儿子在关外做生意时娶的媳妇。"
鬼子内外搜索一遍没发现什么才走，她又躲过一劫。

　　1943年5月的一天，担任冀南五地委常委兼冀南五分区
专员的任仲夷和妻子王玄经历了最危险的一次合围。他们到一
个村庄检查工作，打算连夜赶到枣北县同一村庄的行署和军分
区参加第二天军分区会议。天色已晚，便听从村干部建议就地
留宿。第二天拂晓，任仲夷、王玄和警卫员赶往军分区，半路
上突然听到从南面传来一片机枪扫射声，看见许多群众赶着

牛、驴向北跑，知道日本鬼
子又合围了。敌人从南面来，
他们就向东南跑，寻找到一
个空隙侥幸冲出合围圈。又
听到枪声在昨晚住宿的村庄
响成一片。黄昏敌人收兵后，
他们才知道军分区司令部被
敌人合围在水齐腰深的河沟
里，分区司令员、副司令员
和许多干部战士都牺牲了。
地委书记李尔重虽然逃出合

1947 年，任仲夷、王玄夫妇与
五岁的儿子任念崎在大连

围，却左腕中弹受伤。任仲夷他们如果头晚赶到军分区，也会
被包围在河沟里，也许就牺牲在那里。但如果从昨晚住宿的村
庄晚走一步，同样会被包围甚至牺牲。好险！

　　任仲夷和王玄的第一个孩子生于 1939 年。那时他们日夜
随军行动，道路崎岖，因此取名任崎。无法带孩子在身边，只
好寄养在任仲夷的妹妹任玉蓉家。1942 年大灾荒，任崎和玉
蓉的孩子一起饿死了。这年 7 月第二个孩子出生，是王玄在老
百姓炕上自己接生下来的。为怀念任崎及二儿子的遭遇，就取
名任念崎。王玄经常抱着念崎钻进高粱地去躲避敌人的扫荡。
念崎未满月就送给了一个没孩子的农村段大嫂。后来段大嫂有
了自己的孩子，又把念崎送回来。

十、坚决抵制"左"倾"抢救运动"

　　1942 年，延安整风运动开始。延安整风运动是一次全党范围内空前规模的马克思主义教育运动和思想解放运动，使全党的马克思列宁主义水平得到了进一步提高，党达到了空前团结。

太行山左权县麻田镇。1943 年起中共中央北方局党校的整风运动在这里进行，后来发生了搞"逼、供、信"的"抢救运动"错误

延安整风期间，曾一度出现"抢救失足者运动"。1943 年 7 月，总学习委员会副主任、中共中央社会部部长康生在延安干部会上作动员报告，在正常审干工作中掀起了所谓的"抢救失足者运动"，大搞"逼、供、信"的过火斗争，在 10 余天中造成大批冤假错案。中共中央后来纠正了这一错误。1944 年春节，有关领导部门开始对错案甄别平反，并对受到冤屈的人员赔礼道歉。

李尔重，1943 年 11 月担任中共冀南五地委书记兼冀南五分区政委，在整风中成为"抢救"对象，受到严酷逼供，后得到平反

"抢救失足者"运动的错误波及到了其他根据地。1943 年 11 月，冀南五分区专员任仲夷和中共五地委书记兼冀南五分区政委李尔重一起，奉命调往中共中央北方局党校。他俩带着自卫武器，自背行装，和两名警卫员日夜跋涉，夜间偷越太行与冀南之间的封锁线到达太岳地区。

任仲夷不久就看到中央电报，说在"抢救运动"中搞出了很多特务，并创造了"大会围，小会攻""坦白从宽，抗拒从严"等经验，他很吃惊。一个多月后，任仲夷和李尔重同时被调到太行山左权县麻田的北方局党校参加整风学习。在白区工作过的干部尤其是知识分子是被怀疑和"抢救"的重点对象。李尔重很快就成了"抢救"对象，被逼承认5月那次鬼子扫荡是他"通风报信"的，为了掩饰而"自伤"左腕，因而被打成"叛徒""敌特"，受到更严酷的逼供。他被折磨得受不了，逃到山上后被抓回来继续遭受折磨。

任仲夷对搞出那么多"特务""内奸"产生很大怀疑。他认为审查是主观、片面、无知的，采用"逼、供、信"甚至不人道的残酷做法是错误的。没想到，后来他自己也成了"抢救"对象。审查者给他扣了两顶帽子：一是"国民党特务"，硬说他在担任中国大学党支部书记时与国民党特务机关有联系，但却拿不出任何证据；二是"托派匪帮"，也举不出他有哪些"托派"言行，他本人也不知道中国"托派"到底有什么理论观点。

审查者对他搞"车轮战"轮番昼夜逼供。他们三班倒轮流睡觉，唯独不许他一个睡，每次只准他打盹几分钟，在一个月里他打盹时间加起来只有几个小时。他一打瞌睡，他们就揍醒他，企图屈打成招。

他被折磨得死去活来时，审干委员会负责人来"劝说"他彻底"坦白"。他反过来向这位负责人建议："希望党慎重、慎重、再慎重。"这位负责人说："党要你坦白、坦白、再坦白！"他说："我相信党！"这位负责人说："党认为你有问题！"他说："我相信毛主席！"这位负责人说："毛主席认为你有问题！你知道你待的这是什么地方吗?"他说:"是北方局党校。"这位负责人说:"什么党校,是'格别乌'!""格别乌"是苏联特务机关国家政治保卫局的俄文缩写音译,后更名为国家安全委员会,音译"克格勃"。

任仲夷听了这句话万分震惊,脑子嗡一声炸开了。

审干者找到在太行山平原分局参加整风并担任学习小组长的王玄,要她确认一份假造的"任仲夷供词"。王玄一看就觉得有诈,断然否认。审干者又拿着所谓"王玄证词"要任仲夷认供。任仲夷看后怒不可遏地喊道:"这是瞎说!没有的事!"挫败了逼供者的图谋。

任仲夷被折磨得死去活来,在精神恍惚之间意识到:如果这样再搞下去,总有一天自己会陷于神志不清的地步,这些逼供的人就会趁机要他承认这承认那,给他扣上"特务""托匪"的帽子。那时,自己不但成了一个背叛党和人民的敌对分子,名声臭了不说,就连性命也可能不保。他知道在这次"抢救运动"中,有些好同志就这样被不明不白地处决了。那时就是跳进黄河也洗不清啊!不行,决不能坐以待毙!他下决心不让自己处于神经麻木的境地。于是,每当他昏昏沉沉时,就暗中狠掐自己的大腿,让自己清醒过来。实在熬不住了,就用牙齿咬嘴唇,直至咬舌头,最严重时把舌头都咬破流出血来了。他横下一条心,哪怕把舌头咬断也决不认供!

审查者进行了3个月的"车轮战"也无法使任仲夷认罪,

实在逼供不下去了，只好停止审讯，把他"软禁"起来，长达 8 个月之久。他戴着"托匪"嫌疑的帽子被分配到北方局领导的新华书店任"副总编辑"。实际上也没安排他做编辑工作，他于是主动要求做了几个月校对。他曾和《小二黑结婚》的作者赵树理同住在一间茅草房的火炕，后来又搬到农民家一个单间去住。一天夜里，因天冷烧灶被煤气熏晕过去，幸亏晕倒在门缝附近，又苏醒过来。

在这间房里，他读了许多马列的书，又记了几个月讲真话的日记，记下"抢救运动"中的错误，全用他在中国大学学过的拉丁化汉语写，目的是保密。日记本是他用印书的边角纸装订的，只有巴掌大，便于携带和保存。他还写了一首诗《漳河之歌》，开头和结尾都是"漳河水，水清清 / 从水面，到河底 / 清澈透明。"他以流经党校的漳河水比喻自己历史清楚干净，没任何污点。可惜这本随身携带 20 多年的日记，在"文革"中为免文字狱烧毁了。

整个"抢救运动"将一大批党的优秀干部打成"特务""托派"，引起广大党员干部的强烈气愤，纷纷向中央表达不满。毛泽东意识到审干有"肃反扩大化"倾向，在许多场合向受害同志公开赔礼道歉。1944 年党中央作出关于纠正"抢救运动"错误、甄别冤假错案的指示。震惊华北的北方局党校"抢救运动"没"抢救"出一个"特务"和"托匪"，最终平反所有受害者。1945 年 4 月，任仲夷在北方局党校待了一年半后重新恢复工

1945年4月，任仲夷（中）作为"抢救"对象在太行山北方局党校待了一年半后，终于被还以清白，重新恢复工作

作，担任中共冀南二地委常委兼冀南二专署专员。

任仲夷晚年回忆这段刻骨铭心的"左"祸时说："那时，我怎么也不会想到，后来毛主席在延安会向所有被'抢救'的无辜者鞠躬道歉。这表现了一个伟大领导者的宽阔胸襟和马克思主义者实事求是的精神。可惜的是这个历史教训并未得到认真的吸取，使之真正成为宝贵的经验。"他对这位负责人当时的表现说："在当时的那种气氛下，可以说是'红色恐怖'，我没有发现一个挺胸反抗者，这位负责人同志也不可能例外。"

这位负责人晚年每每想起此事，都深感悔恨，深感内疚，灵魂常常受到严厉的拷问，说："1944 年在北方局党校整风审干中，我曾伤害过一些同志，现在回想起来，心情仍很沉重。""总结经验教训，我写了两条叫作：'忠诚的愚蠢，愚蠢的忠诚'。"

十一、邢台市人民政府第一任市长

　　1945 年 8 月 14 日，日本正式照会中、美、英、苏四国政府，表示接受《波茨坦公告》。8 月 15 日，日本裕仁天皇以广播《终战诏书》的形式，向公众宣布接受《波茨坦公告》，无条件投降。冀南大地一片欢腾，任仲夷和冀南军民感到无比振

1945 年 9 月 23 日晚，解放邢台战役打响，冀南二分区部队冒着枪林弹雨，24 日凌晨攻克邢台东城墙

解放邢台战役中太行六分区部队架起云梯攻城

奋，扬眉吐气。

然而，国民党保安队却趁日军撤离之机占据了邢台城，企图固守城池，等待国民党大部队来接收。邢台城是冀南重镇，南北交通中枢，平汉线上的重要战略据点。晋冀鲁豫军区针对国民党反动派准备沿平汉线向北进犯解放区的阴谋，决定先机制敌，攻下邢台城。

9月23日晚，太行一、

战役结束后战士们在邢台城墙欢呼邢台解放

9月25日，军管会向全市人民发出通令，宣告成立中共邢台市委、邢台市政府，任仲夷担任邢台市委第一任书记兼邢台市人民政府第一任市长。邢台各界人民在街头载歌载舞，欢庆邢台解放

任仲夷上任后立即开展支援全国解放战争前线等工作。图为邢台解放后人民群众支前的空前盛况

六分区和冀南二、四分区两个部队联合作战，同时从东、南、西、北四门对邢台城发起猛烈进攻。任仲夷身为冀南二分区常委兼二专署专员，配合部队参与组织民兵民工参战。经过激烈的火力交锋，至 24 日凌晨战斗胜利结束。除少数头目逃脱外，守敌悉数被歼，共俘获伪军官兵 3000 余人。邢台城的解放，为我军进行阵地战打响了第一炮，使冀南、太行解放区连成一片，掐断了蒋军北上夺取胜利成果的去路，揭开了平汉战役的序幕，意义重大，战果辉煌。

邢台人民喜庆解放，红旗插上清风楼，全城一片欢呼。市民们纷纷自裁、自染、自缝一面面红旗挂了起来，表达对胜利的庆贺。

9 月 25 日，军管会向全市人民发出通令，这份通令贴遍全城大街小巷，宣告成立中共邢台市委、邢台市人民政府，任仲夷担任中共邢台市委第一任书记兼邢台市人民政府第一任市长。邢台市是抗战胜利后全国第一个解放的地级市，任仲夷也就成为解放战争以来全国最早的市长之一，此时离日本宣布投降仅仅 42 天。

十二、被认为"右倾"调离旅大市

　　1945 年 10 月，上级发来一道紧急命令：中央要求从延安和各解放区抽调大批干部和军队迅速挺进东北建立巩固的根据地，北方局从冀南行署和太行一分区抽调 100 人，配备 5 个团的干部开赴东北。任仲夷与王玄也在开赴之列。于是，他按照

1946 年 1 月，任仲夷（左二）担任抚顺市副市长兼副专员时与同事们的合影

1946 年 3 月，
任仲夷在担任中共辽南
三地委常委兼三专署副
专员、专署党组书记

1946 年 11 月，
任仲夷担任大连市副市
长，王玄担任关东地区
妇联总会主席

任仲夷夫妇1946年生下二儿子任克宁后，由忧转喜。任仲夷爱抚着这个命硬的小家伙

组织要求，将名字"任夷"改为"任仲夷"，偕同妻子王玄和两岁多的儿子任念崎立即启程。1946年1月，全家到达东北。此一出关，就在关外35年。这时，王玄顺便回抚顺老家看望已阔别8年的母亲，这才悲痛地知道，原来母亲早已丧亡于战乱，一个殷实人家现已片瓦无存了！

从1946年到1951年，任仲夷先后担任抚顺市副市长兼副专员，辽南三地委常委兼三专署副专员、专署党组书记，大连市副市长，大连市委副书记、市政府党组书记，关东公署、旅大行政公署秘书长兼党组副书记，旅大区委办公厅主任，旅大市委常委兼秘书长，兼旅大市委青工委书记、青年团旅大市委

1947 年，任仲夷与大儿子任念崎在大连市政府门口

书记等职。王玄先后担任旅大市建国学院教导主任、总支委员，关东地区妇联主席，旅大地委妇工委书记，旅大行署民政厅副厅长，旅大市民政局局长兼党组副书记，旅大市人事局局长兼市政府机关党委书记等职。

在旅大工作期间，任仲夷、王玄夫妇第一次处在没有战争硝烟的和平环境中。他俩以极大的热情投入到巩固新生的民主政权中去，工作没日没夜，十分辛苦，但心情非常舒畅。

不过，他俩却遇到了一桩让他们喜忧参半的家事——先后又有两个儿子降生。第一个怀胎在 1946 年。面对胎儿他们犯愁了，自己日夜操劳政务，殚精竭虑，还要照顾刚上小学的大儿子念崎。自己虽深爱腹中的小生命，但唯恐日后不能照顾即

王玄疼爱地抱着未满周岁的三儿子克雷

1947 年，任仲夷任大连市副市长时与大连市西岗区副区长合影

1947 年，任仲夷（左四）在大连欢送即将南下解放全国的部队战友

1948年10月，任仲夷（左二）担任关东公署秘书长时与关东公署主席韩光（左五）等领导合影

1949年，任仲夷担任旅大行政公署秘书长兼党组副书记时检阅游行队伍

将降生的孩子反而不利其成长。于是，王玄咬咬牙吞吃不少奎宁，试图打掉他。想不到这孩子命硬，竟呱呱坠地健全出世了！父母又惊又喜，便给他取名"克宁"——娘胎里的奎宁克星，生命力强着呢！

第三个儿子出生在1950年。当时任仲夷任旅大行署秘书长兼区委办公厅主任，

时任旅大市委第一书记的欧阳钦

工作极为繁忙。王玄任旅大市人事局长兼任新建立的旅大市行政干部学校副校长（校长由市长韩光兼任），同样忙得不可开交。这时身边已有两个孩子要照顾，再添加一个婴儿他俩都感觉是累赘。可是这孩子又顽强降生了。他们怀抱着活泼的儿子，十分怜爱，大忧转为大喜，于是给孩子取名"雷雷"——"雷"与"累"谐音，又是一个命硬的孩子！雷雷在读高小时，改名为克雷，与二哥名字克宁对应，"克雷"——"克己制胜，雷打不动"。

在旅大行政公署、旅大市委当秘书长期间，任仲夷曾多次向行署、市委领导和干部们提出，搞政治运动一定要注重调查研究，实事求是；一定要强调重证据，特别要重物证，不能轻

任仲夷在离开旅大前自我鉴定为，自己对党的方针政策"在认识上基本上是正确的，在执行上也是坚决的"

东北局工作组给任仲夷的鉴定结论是："任仲夷的思想在运动中表现右倾"

信口供；绝对不能搞逼、供、信，不能搞体罚和各种威胁、恐吓的办法。对他的这些意见，旅大市委第一书记欧阳钦完全同意，主管干部和纪律检察工作的组织部部长胡忠海也与他的意见一致。

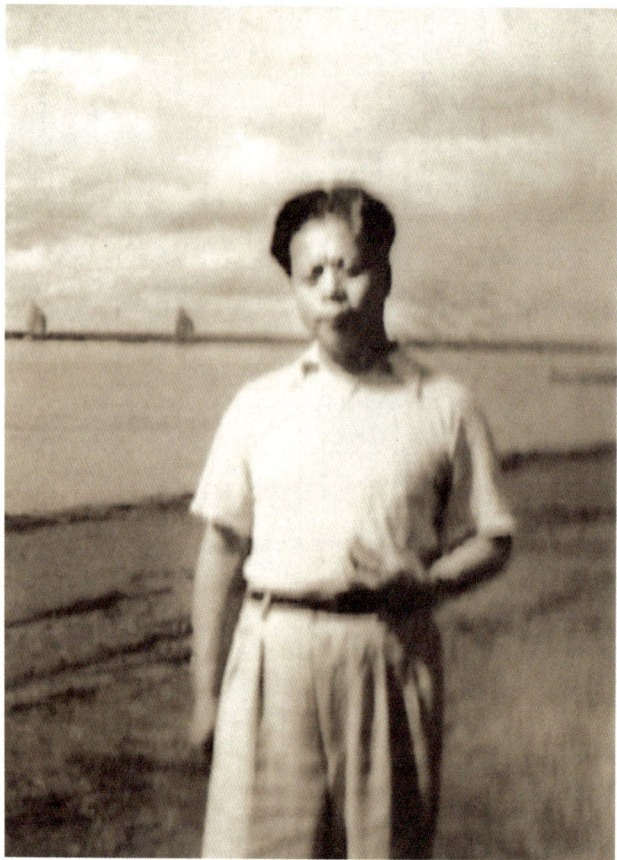

1952年6月，任仲夷调任松江省委常委兼秘书长时在松花江边留影

但是，他的意见却遭到东北局工作组的反对。他们把旅大的问题看得很严重，说旅大这个地方"山高林密，虎多而肥"（当时把贪污 1000 元以上的称为"小老虎"，贪污 5000 元以上的称为"中老虎"，贪污 1 万元以上的称为"大老虎"）。他们认为任仲夷在政治运动中思想右倾。1952 年 6 月，东北局决定把他调离旅大到松江省工作。

调离旅大前，任仲夷在自我鉴定中写道："我认为，我在工作上基本上是能够掌握与执行党的方针政策的，在日常工作中，尚能经常注意到对党的方针政策的考虑与研究。如在旅大六年工作中，特别是在旅大工作尚未走向正规、干部思想比较混乱的时期……在认识上基本上是正确的，在执行上也是坚决的……因而在自己经手与处理的具体工作上，一般的没有大的偏差与错误。"然而，东北局工作组的一位同志却在鉴定会上给他下这样的结论："任仲夷的思想在运动中表现右倾，从思想体系上说，是右的体系。"

任仲夷临去松江省前，欧阳钦亲自到他家为他送行话别，给了他很多鼓励。这使他感到温暖，更坚定了他严格执行政策、坚持实事求是精神的决心。

十三、建成共和国的"掌上明珠"

1950 年 2 月 27 日，访苏回国途中，毛泽东主席和周恩来总理对哈尔滨进行了视察。毛泽东说：哈尔滨是全国最早解放的大城市，要学会建设和管理城市，多搞些工厂，把消费型城市变成生产型城市，应该给全国工厂做出榜样。周恩来也要求

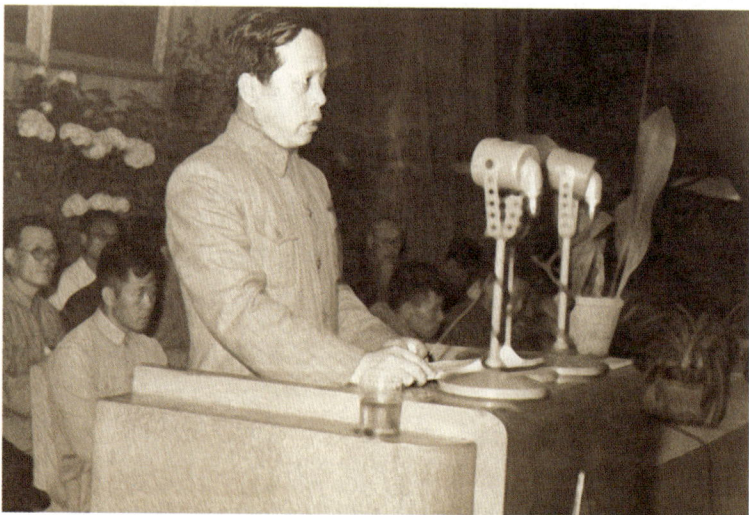

1954 年 8 月，哈尔滨市委第二书记任仲夷在哈尔滨市第一届人大一次会议上致开幕词

1956 年 4 月，任仲夷在哈尔滨市第一届党代会第一次会议上
当选为哈尔滨市委第一书记

哈尔滨管好工厂，培养人才，出产品，出经验，出干部。

1953 年 7 月，任仲夷担任中共哈尔滨市委第二书记。1955 年 2 月，中央决定让他主持市委全面工作。1956 年 4 月，他担任哈尔滨市委第一书记。按照共和国第一代领导核心的要求，他主持全面工作的哈尔滨市委确定把"出机器、出干部、出经验、出技术工人"作为中心工作来抓。

新中国第一个五年计划的重要任务是集中力量完成苏联帮助我国设计的 156 项建设工程。哈尔滨以其特殊战略地位承担

1954 年 8 月，任仲夷（前左二）在哈尔滨市人代会当选为第一届全国人民代表大会代表

哈尔滨市委第一书记任仲夷和哈尔滨市长吕其恩的合影

任仲夷（左二）在全市劳动模范表彰大会上给全国劳模苏广铭（左三）戴上奖章

13 项，是全国重点项目最多的城市之一。任仲夷以主要精力担负起这 13 个项目基本建设的重任。

他要求主管一级领导都要"靠前指挥"，各级领导干部每年、每季或每月要有四分之一或三分之一时间深入实际。他以身作则，下工厂、工地调查研究时与职工同吃、同住、同劳动、同娱乐，同职工交朋友。他有时一连几天甚至十几天不离开工地，发现问题现场解决。他亲自抓重点、抓关键，先后总结了哈尔滨机车车辆厂、第一工具厂等 6 个工厂的经验，检查与重点帮助了 10 个工厂，推广了苏广铭、王荪慈等一批在全国有影响的劳动模范的经验。他先后在 8 个重点工程单位主持召开了市委常委扩大会议，当场作出决定推进工作进程。他向市级机关提出为基本建设"服务上门"的口号。在他的言传身教下，上情下达、下情上达都十分通畅快捷。按照市委的要求，全市掀起了"要人出人、要钱出钱、要车出车、要物给物，一切为经济建设、为基本建设服务"的热潮。

任仲夷在努力完成全国重点项目外，还高度重视地方工业的发展。哈尔滨过去是一个欧洲情调浓厚的消费城市，没有大

1957 年 8—9 月，松花江哈尔滨段遭遇有历史记载的最大洪水，任仲夷（右二）和吕其恩（右一）亲临一线察看险情并指挥抗洪

抗洪期间任仲夷（左）、吕其恩（右）经常从工地回家后，又连夜在家里召开防汛会议至第二天凌晨，天一亮又上大堤参加抢险

1957 年 9 月 17 日，哈尔滨市防汛指挥部宣告全市取得防汛斗争的彻底胜利。任仲夷（左）、吕其恩（右）两位当家人以胜利者的笑容目送松花江特大洪峰顺利通过哈尔滨

1964年10月，任仲夷（后排左六）与到访的罗马尼亚党政代表团在哈尔滨市标志性建筑防洪纪念塔前合影

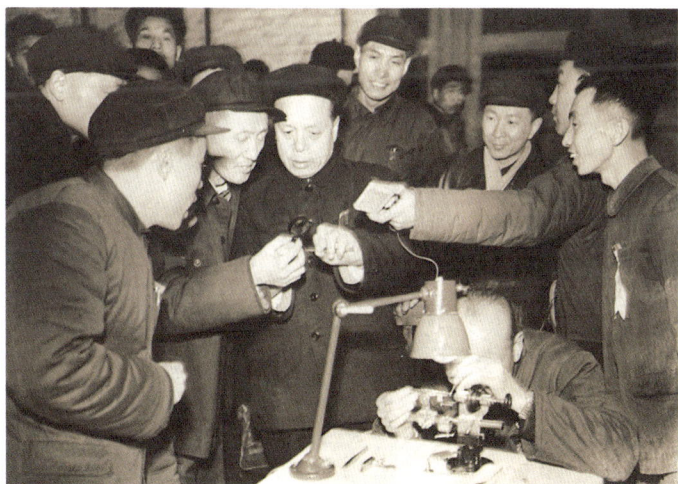

任仲夷（前左三）经常下厂促进技术革新

任仲夷与工厂师傅研究改进袜子生产工艺

黑龙江省委第一书记欧阳钦（左二）在省委常委兼哈尔滨市委第一书记任仲夷（左一）的陪同下到哈尔滨工厂视察

工业，轻工业十分落后。他认为，地方工业也要借重点项目形成的有利条件发展自己。他多次召开会议研究地方工业发展。他支持市长吕其恩发展轻化工业、轻纺、医药和食品工业。

　　他对地方工业抓得很紧很实，经常去工厂视察指导，事前不打电话，到了工厂就直接进车间。有一次，他到油脂化工厂，只见车间地面积满了水，很不满意，提起裤腿就蹚水走进去。他严肃批评了厂长。后来，这个严重失职的厂长被撤了职。有一次，他出差买了一双样式很好看的棉胶鞋，回来后把它送给橡胶厂。橡胶厂在市委书记的启发下，很快就生产出好几种样式新颖的棉胶鞋。他还专门到上海考察与群众生活密切相关的手工业发展情况，回哈尔滨后亲自找手工业局领导，要

任仲夷与食堂女工合影

黑龙江省委班子成员欧阳钦（前右二）、任仲夷（前左二斜躺者）、张林池（前左一）等到鹤岗煤矿考察。任仲夷在巷道缺氧晕倒，出来后仍脸色苍白

求手工业学习上海的经验，把群众的"修、配、补"工作担当起来。

任仲夷多次提出，一个城市不能光有"骨头"（大工厂）没有"肉"（商业、服务业、文化教育事业等）。哈尔滨严冬特别长，天黑得早，工人下班时已夜色沉沉，寒风凛冽，回到家里往往随便扒几口饭菜就"猫"进炕头被窝。任仲夷想，城市服务功能这么差，群众生活这么苦，我们为什么不开放市场，搞活服务业，让困难职工和家属、居民利用空闲时间经营小食

任仲夷陪欧阳钦等领导参观新型"积木式"机床

黑龙江省、哈尔滨市领导考察哈尔滨量具刃具厂。前排右起：李敏、任仲夷、谭云鹤、欧阳钦、陈雷

1964 年 7 月，石油工业部副部长康世恩（前左一）、任仲夷（前左二）陪同中共中央总书记邓小平（前左三）参观大庆油田的干打垒

1972 年，乌兰夫、任仲夷陪同柬埔寨宾努亲王参观大庆油田。前排右起：乌兰夫、宋振明、宾努亲王、宾努亲王夫人、任仲夷

摊、开小店铺、办小工厂、做小生意、搞小开荒和其他服务行业，既方便职工和居民，又解决群众生活困难呢？

于是他主持市委会议做出全市发展"五小"决策，公开表彰发展服务业的劳动者。一位受表彰的老人说："市里鼓励我们搞小生产做小买卖，还说是社会主义经济的补充，我们都流下了热泪。虽然我们也知道这样的事情不能大搞，但只要市里有这份心，我们心里也就舒坦了。"但在"文化大革命"中，任仲夷提倡搞"五小"却成了"复辟资本主义"的一大罪状。

任仲夷带领市委、市政府一班人，使哈尔滨提前一年完成

1956年9月，任仲夷作为中共第八次全国代表大会代表到北京参加党的八大。图为八大会场外景

1964 年，任仲夷与时任哈尔滨市委财贸部部长的王玄在哈尔滨合影

1965 年，任仲夷夫妇与三个儿子在哈尔滨合影。后排左起：任念崎、任克宁、任克雷

"一五"计划。1957年工业总产值比1952年增长1.14倍，平均每年增长16.4%。1954年至1957年增加工业新产品2538种，填补国家空白的主要新产品30种，多种产品产量居全国首位。有43种产品销往苏联、蒙古、朝鲜、缅甸、印度尼西亚、日本、英国等国。1949年全市工农业总产值在北京、上海等全国15个大城市中仅居第11位，到1957年已经跃居第5位。

哈尔滨开始发挥工业基地支援全国建设的重要作用。仅1958年就为全国20多个省市提供了电站锅炉、发电机、成套冶金设备、精密仪表和各种工具等。"一五""二五"和"三线建设"时期，哈尔滨一些大厂"孵化下蛋"，出设备、出技术人员、出物资等，在西南、西北新建了一批电机厂、轴承厂、量具刃具厂等一批大后方企业，有力支援了全国。

1956年9月，任仲夷在中共八大上向全党和全国人民报告："作为国家重点建设城市之一的哈尔滨，已经由一个工业基础比较薄弱的消费城市发展成为一个以机械工业为主的新兴的重要的工业城市。"哈尔滨实现了由被全国支援到支援全国的转变，胜利完成了毛主席、周总理提出的"四出"任务。哈尔滨电机厂、锅炉厂、汽轮机厂这"三大动力"厂，被周总理亲切称为"共和国长子"和"掌上明珠"。

十四、点亮哈尔滨冰灯第一人

1962 年 11 月下旬，任仲夷到广州开会，看到广州文化公园的花卉展繁花似锦，彩灯璀璨，人如潮涌。他心想，广州搞花展、花市，有其独特的地理优势和气候条件，而哈尔滨冬天除了冰就是雪，老百姓习惯成天待在家里"猫冬"。国家处于经济困难时期，群众物资生活匮乏，精神生活极其单调，公园没人去，成了"半年闲"。用什么方式才能在寒冬里搞出"文化公园"来呢？我们做领导的，有什么办法使群众走出户外活动，振作起精神呢？回哈尔滨后，1963 年春节来临时，他仍未能破解这一难题，哈尔滨人还按"猫冬"方式过了一个枯燥无味的年。

1963 年 2 月 1 日，任仲夷和市长吕其恩到香坊区视察一个农贸市场。他走出市场时，蓦然发现路边一户人家门前有两点微弱亮光，原来一位老太太蹲在路边，面前摆着两个用"喂得罗"（上粗下细的水桶）制成的空心冰坨，中间插了根点燃的蜡烛。这种土制冰灯历史上叫"穷棒子灯"，是过去松花江流域一带农夫或渔民使用的一种简易省钱的照明方法。有些穷人在元宵夜买不起灯笼，就做这种冰冻灯罩摆在门前寻乐，如今民间已很少有人制作它了。

一瞬间，任仲夷心头一亮：冰灯，不就是哈尔滨的特产吗？哈尔滨没有广州的鲜花，但寒冷的冬天给哈尔滨带来的是广州所没有的冰雪，为什么不利用严寒搞冰灯展呢？

任仲夷异常惊喜，回到家，叫妻子王玄、儿子任克宁和任克雷用水桶、脸盆盛上自来水，搬到阳台上冷冻。当冻成厚冰壳时，再拿回屋内凿开顶心，倒出中间未冻的清水，又在冰罩里点上蜡烛，冰灯就做成了。他和孩子还在盛满清水的容器里

1963年2月初，这所房子成了任仲夷在自家试制冰灯的工场，试制好的冰灯就摆放在这个阳台上。这所不起眼的房子竟成为我国现代冰灯游园活动的发源地

倒进黑、蓝、红色墨水，端出去就冻成了彩灯。他又把冰灯摆放成单个的、两个扣起呈磨盘形的、四个互摆成葫芦状的。为做冰灯，他家里的水桶和脸盆都弄坏了。在物质匮乏年代，这些都是凭票供应的紧缺用品。

任仲夷把住在隔壁的吕其恩和市委书记处书记林肖硖叫过来商量并一起搞冰灯试验。入夜，这三家的庭院出现了奇景：二楼阳台上的冰灯熠熠生辉，从马路上远处都能望见这些晶莹剔透的冰灯。面对此情此景，任仲夷开心地笑了，一个计划在他心中酝酿形成。

2月3日，任仲夷在家里召集市长吕其恩、副市长张屏和市建设局副局长刘作田、市总工会主席王军等人举行了一个小型现场工作会。他提出一个大胆设想："今天是正月初十，过5天才到元宵节，这个年还没过完。广州有花卉展，除夕搞花市，南方各地元宵闹花灯。我们没有花市、花灯，但可以到正月十五那天在兆麟公园搞个冰灯展，就叫冰灯游园会。"他把自己的见闻细说一遍，又让与会者观看院子里摆放的自制冰灯。他斩钉截铁下达了动员令："我们一定要把冰灯游园会搞成功，叫老百姓不'猫冬'，把群众的劲儿鼓起来，让哈尔滨的冬天不再寂寞！"

市园林处马上调集所属13个部门的800多名职工进驻兆麟公园，刘作田坐镇指挥，用自来水冻制冰灯。职工们忙到深夜十一二点钟才吃晚饭，饭后打个盹儿再干，经过4昼夜苦战

任仲夷下达制作冰灯游园会动员令后，800多名园林职工在兆麟公园苦战4昼夜终于造出上千盏冰灯，确保哈尔滨第一届冰灯游园会成功开幕

造出了上千盏冰灯。他们将冰灯扣在山坡上，摆在墙垛上或挂在树枝上，安上电灯泡或点燃蜡烛，有的用初春柳树生出的"毛毛狗"点缀。市食品公司用菊花、活鱼等冻制出30多朵冰花。哈尔滨艺术学院美术系的学生用天然雪塑造出一只大象。职工们冻出一条冰道，做了小爬犁供孩子玩耍。整个冰灯游园会从任仲夷提出设想到完成布展，前后只用了4天时间，创造出一个奇迹。哈尔滨广大干部职工在开展冰灯活动中的冲天干劲，后来被称为"冰灯精神"。

1963年2月7日（正月十四）晚上，哈尔滨第一届冰灯游园会在兆麟公园拉开帷幕。门票大人5分钱，小孩3分钱，

　　1964 年 1 月，哈尔滨第二届冰灯游园会开幕前夕，任仲夷（中）与市委副书记郭卫人（左）、市建设局副局长刘作田（右）在冰灯游园会制作现场

当年哈尔滨兆麟公园冰灯游园会的全景

冰灯游园会的拱门

一时全城轰动去看冰灯。第一个晚上涌进近 5 万人，连盲人也进场用手摸"看"冰灯。后几天，潮水般的人群险些挤破公园大门，公园只好打开大门任人涌入。原定展期 3 天，游人太多又延期 3 天，6 天共接待游人 25 万，占全市总人口十分之一。
"猫冬"的人们终于走出家门，冬天的公园也结束"半年闲"，
赏灯人群不畏严寒，精神焕发。

省委第一书记欧阳钦观看后高兴地说："冰灯游园会能发
动群众出户活动，证明这是一种神奇的力量！"哈尔滨冰灯是
我国第一次出现有组织的群众游园活动，成为我国现代冰灯艺

任仲夷夫妇和吕其恩夫妇陪同欧阳钦一家参观第二届
冰灯游园会时留影。后排右起：刘作田、任仲夷、欧阳钦、
吕其恩、黄崴（欧阳钦夫人）、王玄、王军（吕其恩夫人）

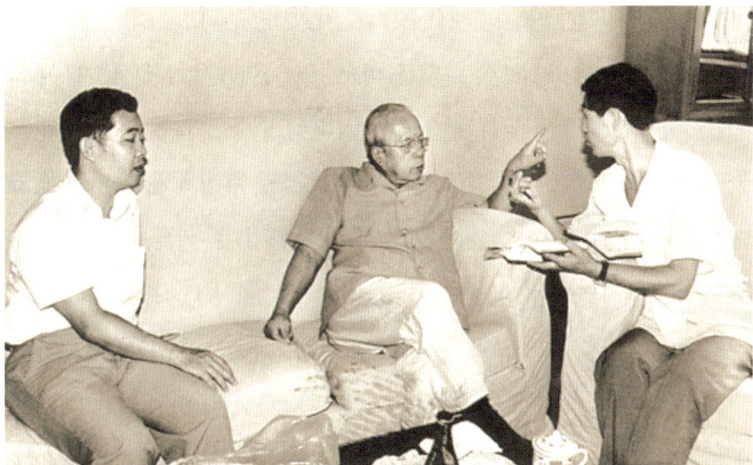

　　1989 年 8 月，任仲夷回哈尔滨时，冰灯研究专家王景富（右）抓紧时机采访他。任仲夷首次向媒体披露当年是如何萌发创意并创办冰灯游园会的内情。左为任仲夷秘书李次岩

冰灯游园会的虬龙戏珠

术的开端，开创了中国现代冰雪文化史的先河。

从此，冰灯游园会一发不可收拾。1964 年 1 月 15 日开幕的第二届冰灯游园会首次全部采用电灯光源，首次采用松花江天然冰制作冰灯，首次用天然冰建屋盖楼和用冰雕镂出人像动物，雕成了小姊妹、金马驹等冰雕，塑出了老寿星、小孩骑象等雪塑。1965 年 1 月 1 日开幕的第三届冰灯游园会首次出现彩色浮雕冰屏。1965 年 12 月 27 日开幕的第四届冰灯游园会首次运用舞台灯光和彩色白炽灯，使灯光有动有静，色彩更绚丽。

冰灯游园会的孔雀开屏

1963年2月10日，任仲夷夫人、哈尔滨市委财贸部部长王玄以黄萱为笔名在《哈尔滨晚报》发表了《调寄蝶恋花·观冰灯》："银柳迎春冰灯闹，南岭梅开，北国春来早。冰花鳞光景色美，男女老幼奔相告。如玉晶莹光四照，闪闪火花，对着星星笑。心旷神怡人不冷，乾坤锦绣新面貌。"这是反映我国现代冰灯的第一首词。接着，黑龙江省委常委、邹韬奋的弟弟、诗人邹问轩在1964年2月的《黑龙江日报》发表了《冰灯游园记盛》4组诗，最后一组写道："满城百姓赞任公，别样心裁别样冬。南国慢夸花市好，北疆春节喜灯风。"

1964年底，正当第三届冰灯游园会热火朝天施工时，有记者写了一篇调查报告，说这是"劳民伤财"，于是黑龙江省监察厅派来调查组。任仲夷和吕其恩据理力争：我们搞冰灯，主要是发动广大工人和青年义务劳动搞出来的，花钱很少，根本没赔钱。任仲夷说："莫说不赔钱，就是赔几个钱也应该干！这是我们园林工作的方向。"欧阳钦知道后说："哈尔滨搞冰灯，对反映大好的经济形势、对人民的身体健康都大有好处。不然，有什么力量能将200万人动员出来？哈尔滨冰灯今后要继续搞下去。"调查组只好撤走，冰灯游园会得以继续举办。

冰灯游园会只办了4届就被"文革"中断了，这也成了批斗任仲夷的一大罪状。造反派攻击搞冰灯是"宣扬封、资、修大杂烩"，雕出的金马驹是"财迷心窍"，塑成老寿星是"鼓吹活命哲学"。就连"赞任公"的诗句也成了"为黑帮头子

冰灯游园会的原子塔

任仲夷树碑立传",作者邹问轩在批斗中含冤去世。

在改革开放的春风吹拂下,哈尔滨冰灯重新点亮,到2014年已是第40届,每年吸引国内外数百万游客纷至沓来,成为世界上形成最早、持续最长、规模最大、游人最多、影响最巨的大型冰灯艺术展,是哈尔滨乃至中国的一张亮丽耀眼的名片。

十五、浩劫中的"挨批斗冠军"

　　1966 年 5 月 16 日，中共中央通过了"五一六通知"，一场突如其来的"文化大革命"狂风暴雨席卷全中国。担任中共黑龙江省委常委、省委书记处常务书记兼任哈尔滨市委第一书记要职的任仲夷，在"文化大革命"一开始就被"揪出来"了，

1966 年 8 月 24 日，哈尔滨红卫兵组织了十几万人在道外八区广场举行"炮打司令部进军大会"

1966 年 8 月 26 日，任仲夷第一次被红卫兵挂上"黑帮分子任仲夷"牌子当场揪斗

成了"哈尔滨市头号走资本主义道路的当权派"，也成了全省最早被公开揪斗的省委书记。1966 年 8 月 26 日一早，红卫兵抄了任仲夷的家，把他押上大卡车，一路上高呼"造反有理"口号，把车开到改名为"红卫兵广场"的道外八区体育场，在这里举行十几万人的"炮打司令部进军大会"。

这天烈日当空。批斗台上，

任仲夷被揪斗时站在省委书记兼副省长王一伦旁边

1966 年 9 月 12 日,红卫兵在八区广场召开大会批判黑龙江省委领导班子,给省委第二书记兼省长李范五剃"鬼头"

1967 年 6 月 12 日, 造反派集体批斗黑龙江省委书记们(前左四任仲夷)

1967 年 6 月 12 日, 省委书记们集体挨批斗中的任仲夷(右一)

1966年8月26日，任仲夷遭批斗时被反背双手戴高帽，泼墨汁，大弯腰站折椅

省委第二书记兼省长李范五、省委书记兼副省长王一伦等人站在台前被挂上"黑帮分子"大牌子。刚调来的省委第一书记潘复生上台讲话，表示支持造反派的"革命行动"。

任仲夷则坐在下面第一排水泥看台，随着一个人突然有意提高嗓门叫出"任仲夷"的名字，造反派头头抢过麦克风，声嘶力竭叫道："大会主席团决定，把反革命修正主义分子任仲夷揪出来！"随即台下响起一片"打倒黑帮分子任仲夷"的喊声。

任仲夷沉稳地站起来。两个事先坐在他左右的大汉把他拉上台，特意准备了一把木制折叠椅。这种椅子很难站稳，稍往前就会一头栽倒在前，稍往后则会连人带椅向后摔倒，站累了稍微一动也会人仰马翻。红卫兵给他挂上写有"黑帮分子任仲夷"的大牌子，又拿来一顶足有一米多长的尖塔形纸制高帽给他戴上。但帽口做小了，戴不上，他们就使劲往他头上扣，结果给撑破了。一个人在高帽子后面拴一根绳子，逼他双手反背紧紧抓住绳子另一头。

有人端来一脸盆墨汁，逼他用两手蘸满墨汁往自己脸上

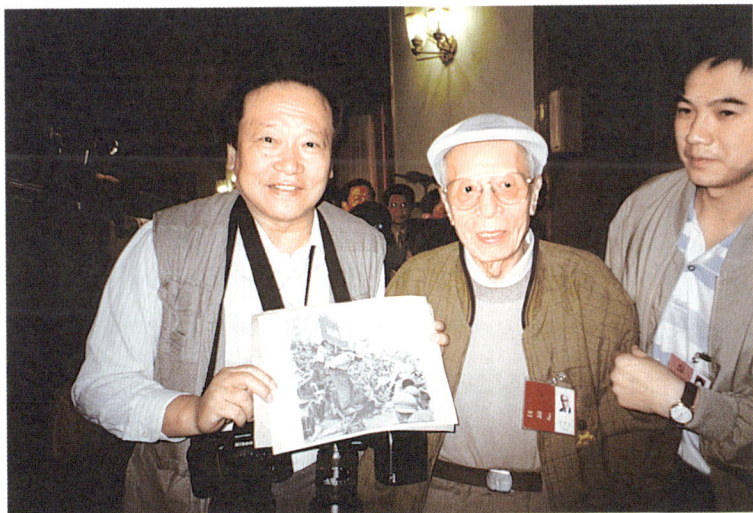

1997 年 9 月，任仲夷参加党的十五大期间，在人民大会堂会见 30 年前拍摄《黑龙江省委书记任仲夷惨遭批斗》摄影作品的记者李振盛（左）。李振盛拍摄的这组照片荣获"《艰巨历程》全国摄影公开赛"最高奖系列新闻照片大奖

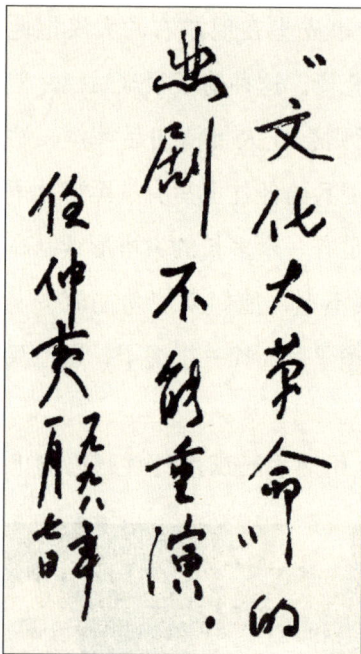

"文化大革命"的
曲剧不能重演。

任仲夷 一九九八月七日

1998年1月7日，任仲夷为李振盛题字

涂抹。后来嫌他涂抹不够黑，便高高举起墨汁盆，对着90度大弯腰的任仲夷使劲一泼，顿时满脸漆黑，臭烘烘的墨汁灌进眼睛、鼻孔，顺着鼻尖、嘴巴往下流淌。接着蹿上来一个人，拿起一支毛笔蘸满墨汁，在他的白衬衫后背写了"黑帮"两个字。有人觉得还不够，索性端起剩下的半盆墨汁，扯起他的衣领从后脖颈灌进去。墨汁顺着上身往下淌，穿过腰间又顺着双腿流淌到脚下，白衬衣上墨迹斑斑，灰色裤子从里往外渗透出一道道的墨痕。四周一片得意的癫狂亢奋，挥舞拳头高喊"打倒任仲夷"。

在台上的《黑龙江日报》摄影记者李振盛，曾多次拍摄过任仲夷在各种公众场合的形象，眼见一向受人尊敬的省委书记竟遭如此侮辱，一种无以名状的悲哀涌上心头，便按下快门记录下这惨不忍睹的一瞬间。

任仲夷几乎站不住了，前后摇晃，但一声不吭，他不断告诫自己："不能倒下！决不让他们看笑话，糟蹋我人格！坚持，再坚持，不向极左思潮低头！"他被折腾了3个多小时，硬是挺住没倒下！

中午时分，太阳火辣辣。造反派用大卡车押解他回家。任仲夷到家后面的小屋轻轻敲门，家中只有王玄和读初中的小儿子任克雷。克雷正在后院剁鸡食，听到父亲的声音忙去开门，骤然见父亲这模样大吃一惊，霎时泪水夺眶而出，叫了一声"爸爸……"

父亲连忙指指厨房小声说："不要告诉妈妈！我先去洗澡换衣服。"他不忍心让妻子受刺激，赶紧进浴室门，冲洗干净后才出来吃饭。他平静地对王玄说："衣服以后染成黑色吧，我再穿。"后来，衣服被染黑了，对着太阳一照还依稀可辨"黑帮"二字，但他照穿不误，处之泰然。

这次批斗后不久，任仲夷一家被赶出市委机关宿舍大院，搬到一个大杂院没有独立卫生间的小房间。全家三口蜗居在十几平方米的小房，椅子等家具无法摆下，只好吊在天花板和钉挂在墙上。由于住到一般居民区，各单位造反派轻而易举就可以把他这个"哈尔滨最大走资派"弄出去批斗，以显示本单位的批斗"升格"。为此，每天凌晨四五点钟总有几拨不同的队伍守候在他家门外，争先恐后敲门要抢他去批斗。妻子王玄打开门，毫不客气地大声呵斥："你们还让不让人活了？总得让人把饭吃完再走吧！"她的凛然之气一时镇住了那些造反派。

9月12日，任仲夷被红卫兵组织揪去大会批斗，被剃了

"鬼头"，戴一顶比第一次揪斗更高更重的高帽子，胸前挂上大黑牌，被五花大绑拉去游街示众。他在被拳打脚踢中跟跟跄跄游斗了一个多小时。一路上很多人围观，有一位女劳模看到这令人心碎的悲惨一幕，不禁泪盈满眶，但又不敢哭出声来。

回到家，任仲夷身心疲惫，伤痕累累。他吩咐克雷拿出家里的理发推子，把"鬼头"全部推成平头，这是他平生第一次理平头，然后无力地软瘫在床上。这时，有邮递员敲门送来一封信，克雷接过来一看，是在北京读大学的哥哥克宁寄来的，任仲夷叫他念。信中写道："亲爱的爸爸：我在北京得知您被打倒，被批斗，心里很难过！我们做儿子的最了解自己的父亲，相信我们的父亲是热爱党和毛主席的，绝对不是黑帮，绝不会反对毛主席。爸爸，我作为您的儿子，永远相信您，爱您。您今后到哪里，我就跟您到哪里。要是您去种地，我就跟您去种地！永远忠于您的克宁"。

克雷刚念完信，突然听到"哇——"的一声，猛抬头，只见父亲掩面放声痛哭。他惊呆了，这是他平生仅有一次见一向坚强的父亲痛哭，泪水沿着父亲的指缝流下脸颊。父亲的哭，不是悲哀，而是屈辱、愤怒、抗争，又是对亲人的疼爱、挂牵、歉疚！两分钟后，任仲夷止住哭声，愤懑而压抑地说："他们，这样整人，侮辱人！如果不是因为有你妈妈和你们几个孩子，我早就和他们拼了！"克雷理解父亲讲的"他们"，不是指那群斗他的孩子，而是指背后那些野心家、阴谋家，企图通过煽动不明真相的人们，包括原本天真无邪的孩子，盲目"造反"去打倒一大批革命干部，以达到他们篡党夺权的罪恶图谋。

任仲夷后来回忆说："'文革'头3年，批斗我的会、几千人以上的批斗会有230多次，最大的一次批斗会有几十万人，小的批斗会就数不清了。凡是我在哈尔滨到过的单位，必然要斗我一次。"每挨批斗一次他都在小本子上记录下来，造反派发现后质问他："你在记变天账吗？"他机灵应对："我这是为了今后更好吸取教训，不能再犯同样的错误嘛。"其实他心中的"错误"，就是指"文革"这种无法无天、践踏良知与公义、给党和国家带来深重灾难的全局性浩劫。据任仲夷自己统计，他在"文革"中共挨大小批斗2300多次。他晚年戏称自己"得了个全国挨批斗的冠军"。

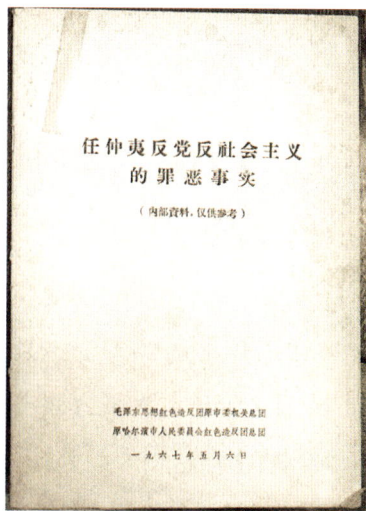

造反派编写的任仲夷的"罪行"材料

十六、夫妻同甘共苦干校迎解放

1967 年 1 月 20 日，造反派夺了中共哈尔滨市委的权。2 月 16 日，哈尔滨人民公社成立，声称"废除原市委、市人委一切职权，一切权力归公社"。造反派将任仲夷关进"牛棚"。

1967 年 2 月 16 日，哈尔滨造反派砸毁哈尔滨市人委（市政府）的牌子

"牛棚"是"文革"专有名词，指造反派私设的"牛鬼蛇神"的囚禁处所。任仲夷囚禁在"牛棚"里，不准与亲友见面，受到造反派严密看管，完全失去自由，每天过着除了被揪到各处去批斗就是劳动改造的艰难日子。

1967年2月9日，是他被关进"牛棚"后的第一个春节，身边没有一个亲人，没有一丝节日气氛。任仲夷在"牛棚"里度过了4个春节，1000多个日夜，每天都苦思关系党和国家命运的重大问题，为共和国的命运忧心如焚。在无数难以入眠的夜里，他逐渐得出结论："文革"决不是进步的革命，而是

造反派把哈尔滨市委、市政府的两块牌子砸碎烧毁，声称"废除原市委、市人委一切职权"

一次社会的历史大倒退。不结束"文革",党无宁日,国无宁日。他坚信,黑暗一定会过去,党和人民终将迎来光明。

1970年秋天,任仲夷走出"牛棚",和吕其恩等被下放到哈尔滨市新风农场"五七"干校劳动。在农场,他与离别两年多、日思夜想的妻子王玄重逢了。王玄也被扣上"哈尔滨市财贸战线最大的走资派"的帽子,吃了不少苦头。两人悲喜交集,相互勉励。当他从妻子口中得知,身边唯一的小儿子任克雷已于1968年10月到长水河劳改农场当知青去了,父子分手不能见上一面;又得知在济南的父亲一年多前已因病去世,他作为

1967年2月16日,哈尔滨造反派在八区广场召开哈尔滨人民公社成立大会

孝子不能送父远行，不禁唏嘘不已。

任仲夷和王玄虽同在一个农场，却不准许住在一起，两人分别睡不同的板房，但夫妻始终心心相印。王玄在饭堂做饭、磨豆腐，有时候开饭时趁人不注意，偷偷往丈夫碗里多放一两个馒头，或多舀一两勺热汤。任仲夷干的是赶牛车、掏大粪等最脏最累的重农活，尤其在三九严寒下粪池刨冻成冰的粪块，又脏又苦又累。可是他一直保持积极乐观的态度，帮助一起下放的"牛鬼蛇神"们改进劳动工具，琢磨刨粪块的窍门，用自己的行动带动身边同遭不幸的同志。王玄担心他受冻，私下做

任仲夷、王玄 1971、1972 年先后复出后，深感自己肩头的担子更重了。图为他们 1972 年在哈尔滨自家的阳台上

夫妇俩以百倍热情投入工作

任仲夷召开家庭会议

任仲夷在大庆油田钻井台前

1974 年初春，任仲夷冒着严寒到齐齐哈尔市检查工作

任仲夷到机场迎接坦桑尼亚总统尼雷尔和全国人大副委员长阿沛·阿旺晋美

1976 年 10 月 13 日，任仲夷在全国电子工业学大庆通江晶体管现场会上

了一件翻皮羊毛背心让他穿在里面，外面再套上破棉袄，用稻草捆在腰间，防止被管教人员发现后惹出祸端。

1971 年春，王玄离开"五七"干校，恢复工作，担任哈尔滨市商业局革委会副主任、市委委员；1972 年春，担任哈尔滨市革委会副主任（相当于副市长）、市委委员。任仲夷于1972 年 6 月重新恢复工作后，担任黑龙江省委常委兼省革命委员会副主任（1973 年 4 月后任省委书记），属于林彪垮台后第一批平反的领导干部。

此时，沈阳军区正在哈尔滨市召开东北三省军工生产会议。开幕那天，容纳 3000 人的大礼堂座无虚席，主席台上就座 120 余人。大会执行主席宣布大会开幕，首先宣布大会主席团名单。当宣读到 10 余名时，坐在主席台前排中间的沈阳军区副政委兼中共黑龙江省委第二书记、省革委会第一副主任刘光涛突然提示说："漏掉了，还有任仲夷同志呢。"声音虽很小，但从麦克风传出任仲夷的名字时，全场顿时掌声雷动，所有人不约而同地起立，敬仰期待的目光投向主席台。

当任仲夷从主席台后排一个角落里站起来，拱手向大家表示深切谢意时，全场又一阵暴风雨般的掌声响彻礼堂内外，足有 3 分钟之久。大家的手拍疼了，很多人的眼睛湿润了，以真诚喜悦的心情欢迎他出来工作。掌声经久不息，一直把他迎到前排在刘光涛身边坐下才停止。

十七、率先投身真理标准大论战

粉碎"四人帮"后，中央认为任仲夷在黑龙江干得很出色，1977年2月8日决定任命他为"文革"重灾区的辽宁担任省委第二书记兼省革委会第一副主任，主持辽宁全面工作，以扭转辽宁局面。为稳定辽宁局势，沈阳军区政委曾绍山继续兼任

1977年，任仲夷（右二）与曾绍山（右一）一起在沈阳参加劳动

辽宁省委第一书记和省革命委员会主任一段时间。

1977 年 2 月 7 日，《人民日报》、《红旗》杂志、《解放军报》发表社论《学好文件抓住纲》，提出了"两个凡是"观点："凡是毛主席作出的决策，我们都坚决维护；凡是毛主席的指示，我们都始终不渝地遵循。""两个凡是"的观点给全党纠正"文化大革命"中的"左"倾错误、拨乱反正设置了障碍。1977 年 4 月 10 日，邓小平以一个老共产党员的名义给中央写信，提出"用准确的完整的毛泽东思想来指导我们全党、全军和全国人民"。1978 年 5 月，在全国范围内开展一场关于真理

1977 年，任仲夷（左一）与曾绍山（左二）、省委书记兼省革委会副主任陈璞如（左三）等辽宁省领导在辽宁阜新市玉龙煤矿井下了解生产情况

1977 年 2 月 7 日，《人民日报》发表社论《学好文件抓住纲》，提出了"两个凡是"的观点

标准问题的大讨论，坚决批判了"两个凡是"的错误方针。

任仲夷毫无畏惧，坚决投入批判"两个凡是"的战斗。他认为"两个凡是"不彻底否定，必然在思想上束缚亿万人民，使党和国家继续陷于"文革"错误中；在组织上使"文革"中受迫害的一大批革命干部和群众继续蒙受不白之冤，使中国历史继续倒退。

早在 1977 年 7 月，在辽宁省委召开的宣传工作会议上，任仲夷就响应邓小平在同月提出的"要用准确的完整的毛泽东思想作指导"的观点，进行了透彻的分析，矛头与"两个凡是"针锋相对，是地方大员中最早对这一观点的积极响应者与论述

者。他在讲话中明确提到"实践性是马克思主义的哲学辩证唯物论的最显著的特点之一",并强调"坚持理论联系实际的学风",时间早于真理标准公开讨论将近一年。可惜他这篇讲话未在报刊发表,因而未引起理论界、新闻界的注意,产生的影响有限。

1978年5月11日,《光明日报》发表《实践是检验真理的唯一标准》一文(以下简称《实践》),正式揭开思想大论战的帷幕,立即引起"两个凡是"与实事求是两种观点的激烈争论,该文受到中央某些领导人的强烈指责。

1978年6月30日,任仲夷在辽宁省委信访工作会议上作《一定要坚持实事求是的根本观点》的讲话

6月30日,任仲夷在中共辽宁省委信访工作会议上作了《一定要坚持实事求是的根本观点》的讲话:"最近,邓副主席在全军政治工作会议上,专门讲了实事求是的问题。实事求是,是马列主义的根本观点、根本方法和根本态度,是毛主席一贯提倡的我们党的优良作风。我们做信访工作,

和做其他工作一样，必须坚持这个根本观点和作风。来访者提出的问题，到底该不该解决，根据什么来判断呢？不能感情用事，也不能采取主观主义，而必须尊重事实，实事求是……不能因为某个案件是自己定的，就怕丢面子，怕影响'威信'，错了硬不改，该平反的也不平反。也不能因为是哪一位领导定的，或者是上一级定的，明知道该解决的也置之不理。"他上半段讲必须坚持"实践标准"，让实践来评判是非；下半段批评"两个凡是"，批判"哪一位领导定的"就不能改的错误。

《实践》发表的第3天，任仲夷就着手撰写一篇论述真理标准、批判"两个凡是"的文章。此文8月定稿，题为《理论上根本的拨乱反正》，全文8600多字，刊登在辽宁省委的理论刊物《理论与实践》1978年第8、9期合刊上。他在文章中比较系统地提出防止"两个凡

1978年9月，中央决定任仲夷担任中共辽宁省委第一书记兼省革委会主任、省军区第一政委。图为任仲夷在辽宁省军区大院

139

1978 年 9 月，邓小平视察辽宁期间高兴地与沈阳
军区司令员李德生（右）、任仲夷（左）等人合影

是"的"三个不要"：一、不要迷信"特殊身份"；二、不要单
凭朴素的阶级感情看问题；三、不要以政治需要为借口反对实
事求是。同时提出坚持实事求是的"四个必须"：一、必须完
整地、准确地领会和掌握毛泽东思想的体系，这是坚持实事求
是的思想基础。二、必须充分发扬民主，认真执行民主集中
制，这是坚持实事求是的组织保证。三、必须和广大人民群众

站在一起，时刻倾听群众的呼声，这是坚持实事求是的方法路线。四、必须承认实践高于认识，实践是检验真理的唯一标准，这是坚持实事求是的鉴别标准。

文章发表后，在社会上引起强烈反响，《光明日报》于9月9日全文转载。

1978年9月4日，任仲夷被任命为辽宁省委第一书记兼省革委会主任、省军区第一政委。10多天后，邓小平

1978年9月，邓小平到东北三省视察，一路都讲实事求是问题，称自己在北方"放了一把火"。任仲夷在辽宁全程陪同并代表省委汇报工作，对邓小平的思想心领神会。图为任仲夷（二排右一）陪同邓小平接见辽宁干部

1978年9月，任仲夷（右二）在邓小平视察辽宁的专列上把自己写的《理论上根本的拨乱反正》一文呈小平并得到赞赏。图为任仲夷与邓小平在专列旁交谈

1977年8月，任仲夷参加中国共产党第十一次全国代表大会，当选为第十一届中央委员

1977年7月，任仲夷在辽宁省委宣传工作会议上，响应邓小平的观点，对"实践性"进行透彻阐述，与"两个凡是"针锋相对，是地方大员中最早对这一观点比较透彻的阐述

到辽宁视察，任仲夷全程陪同并代表省委汇报工作。他在邓小平乘坐的专列上，把《理论上根本的拨乱反正》一文呈送邓小平，并谈了自己的看法，邓小平表示赞赏。

任仲夷并未就此停止战斗，他从9月起着手撰写以解放思想为主题的文章，11月完成，题为《解放思想是伟大的历史潮流》，约1万字，刊登于1978年12月号《红旗》杂志。这篇文章是《理论上根本的拨乱反正》一文的继续和深入，针对

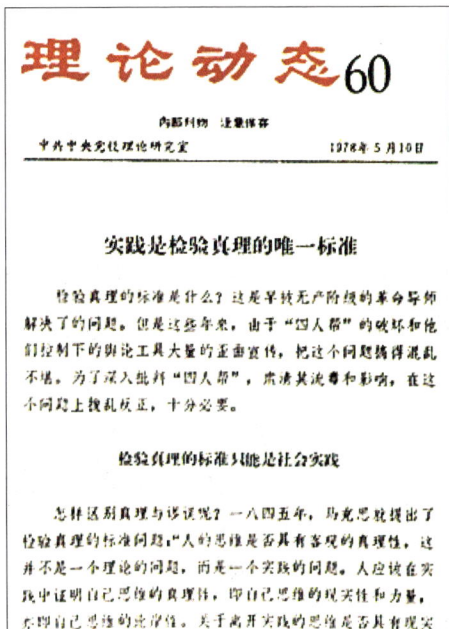

左：1978年5月10日，中央党校内部刊物《理论动态》率先发表《实践是检验真理的唯一标准》一文

右：5月11日，《光明日报》发表《实践是检验真理的唯一标准》，正式揭开全国思想大论战的帷幕

性和战斗性更强，是任仲夷又一篇声讨林彪、"四人帮"极左
谬论和批判"两个凡是"观点的力作。

　　任仲夷的这两篇战斗檄文，就像两把锋利的尖刀，狠狠击
中"两个凡是"的要害。他多次提到，这两篇文章是他的秘书
张岳琦根据他的意思执笔起草的，准确表达了他的思想观点。
他认为张岳琦是个很优秀的干部、他的得力助手。

　　1978年9月20日、10月8日，任仲夷在辽宁省委两次会

任仲夷夫妇与儿子儿媳合影。后排左起：大儿子任念崎、二儿子任克
宁、二儿媳陈小蜜

议上系统阐述了"实践是检验真理的唯一标准"的马克思主义基本原理。他提出了与"两个凡是"针锋相对的坚持实事求是的"两个凡是":"凡是被实践证明是正确的东西,就要坚持;凡是被实践证明是错误的东西,就要坚决纠正。"

与此同时,中共甘肃省委第一书记宋平、中共黑龙江省委第一书记杨易辰都表态支持《实践》。任仲夷、宋平、杨易辰被公认为是最先战斗在这场大论战前列的省委第一书记。

十八、在中央工作会议上批驳"两个凡是"

从 1978 年 11 月 10 日至 12 月 15 日，任仲夷在北京参加了中央工作会议。这个会议是为党的十一届三中全会召开作准备的。会上，与会者对于真理标准问题的争论很激烈。会议简

1978 年 11 月 10 日至 12 月 15 日，任仲夷参加在北京举行的中央工作会议，经过精心准备，作了长篇发言，系统批驳"两个凡是"观点

报刊登了某理论权威的文章，这篇文章实际上是《人民日报》刊登《实践是检验真理的唯一标准》（以下简称《实践》）的当天晚上，某理论权威打给《人民日报》总编辑胡绩伟的电话内容。

该文章称，《实践》犯了方向性的错误，理论上是错误的，否认真理的相对性，否认马克思主义的普遍真理；政治上问题更大，要砍倒毛泽东思想这面红旗，是很坏很坏的。该文章较为系统地阐述了"凡是派"的观点，可说是"凡是派"对真理标准讨论的第一次公开地正式反击。

1978 年 11 月召开的中央工作会议为破除"两个凡是"思想禁锢和十一届三中全会顺利举行准备了充分的条件。图为叶剑英、邓小平等中央领导接见与会人员

邓小平在十一届三中全会上讲话

在《实践》等文章发表后，坚持"两个凡是"的那些人除了下命令禁止支持，以及大扣什么"思想反动""方向性错误""分裂党中央""矛头针对毛主席""砍旗"等帽子外，拿不出任何一篇反驳文章来。此人的一个"电话内容"，竟然郑重其事地登载在中央工作会议的简报上，是坚持"两个凡是"的人试图通过这篇文章以求最后一搏。

在短兵相接的关键时刻，任仲夷再次挺身而出。他在会上作了长篇发言，首先指出"这篇东西确实代表了某些同志现在的观点，代表了一种思潮"。这种思潮就是"两个凡是"。他一针见血地指出："这种思潮的实质，是要从理论上把我们拉回到林彪、'四人帮'那里去，是要反对或阻挠我们党在理论上和实践上的前进。"又说,某权威的这篇作品"极力摆出一副似乎是在维护毛主席伟大旗帜的样子,对别人采取歪曲、诬蔑的手法,把自己编造的错误观点强加于人"。

接着,任仲夷对某权威的4个观点逐条进行尖锐地抨击。针对其指责《实践》"只谈实践标准而不谈理论的指导作用",任仲夷批驳说:"当前透彻论述实践是检验真理的唯一标准,具有特别重大的现实意义。不解决这个问题,就不能拨乱反正,就不能解放思想,也搞不了四个现代化。"

针对某权威指责《实践》"是提倡怀疑一切",诡称"现在全世界还没有一个国家实现共产主义,马克思主义关于共产主义的科学理论是不是真理呢?"任仲夷批驳说:"马克思的整个

任仲夷参与表决通过了具有伟大历史意义的十一届三中全会决议

《人民日报》登载《中国共产党第十一届中央委员会第三次全体会议公报》

任仲夷开完十一届三中全会赶回辽宁传达会议精神。图为他到复县二十里堡人民公社检查落实会议精神

1979年1月27日，任仲夷（右三）到鞍山检查贯彻十一届三中全会精神情况，当晚除夕夜与职工们一起包饺子准备过年

学说是在人类社会发展到一定阶段，在坚实的实践基础上产生的，它的基本原理已经为实践证明是正确的。只有某权威等人认为它完全没有经过实践证明。另一方面，马克思关于共产主义社会的许多具体设想和论述，确实还有待于未来实践的进一步检验。只有某权威等人才认为它不需要实践的进一步检验。"

针对《实践》是"砍旗"的指责，任仲夷反驳说："实践是检验真理的唯一标准，这是毛泽东思想的基本观点。坚持毛泽东思想的这个基本观点，却被说成是'砍旗'，你反对这个基本观点，反而是'举旗'，这是什么逻辑？"

1979年春节后，任仲夷（右一）到辽宁昭盟了解贯彻十一届三中全会精神情况，在克什克腾旗达里公社罕达汗大队与牧民们交谈

针对《实践》是"混淆了修正主义和教条主义的界限"的指责，任仲夷批驳说："毛主席说过，教条主义也是修正马列主义的。……'四人帮'反对毛泽东思想的手法，有时表现为直接篡改，有时则表现为坚持'一字不准改'。对这两种手法，我们都必须揭露和反对。特别是对于受'四人帮'思想影响的人来说，后一种手法的余毒更为严重。"

任仲夷犀利的批判，对赢得坚持"两个凡是"的人在中央工作会议上挑起的这场思想理论斗争，发挥了重要作用。

　　任仲夷除了批驳坚持"两个凡是"的人外，还在会上建议中央对"实践是检验真理的唯一标准"问题明确表态。他在11月24日发言说："实践是检验真理的唯一标准，本来是马列主义、毛泽东思想的基本观点。……但是，中央有的部门、有的会议传下来的精神，却是完全针锋相对的另一种说法。……

1979年初春，任仲夷在昭盟牧区

我们在地方上工作感觉到，这种思想混乱，当前已经成为影响大局、影响团结的大问题。""如果中央明确地讲一讲，全党一致了，思想混乱就将澄清，我们在下面工作也好做，国际上对这个问题的议论和猜测也会止息。其中别有用心、企图利用这个问题对我们进行挑拨离间、造谣诬蔑的人，必将枉费心机。"任仲夷的建议得到大多数与会者赞成，成为会议主流认识。中央工作会议长达 36 天，是党的历史上绝无仅有的，它为破除"两个凡是"思想禁锢和十一届三中全会顺利举行准备了充分的条件。

具有伟大历史意义的十一届三中全会公报明确指出："会议高度评价了关于实践是检验真理的唯一标准问题的讨论，认为这对于促进全党同志和全国人民解放思想，端正思想路线，具有深远的历史意义。一个党，一个国家，一个民族，如果一切从本本出发，思想僵化，那它就不能前进，它的生机就停止了，就要亡党亡国。"

任仲夷不但自己投身这场大论战，而且充分发动辽宁省干部和群众参加这场战斗。他主持下的辽宁省委，早在 1978 年 8 月 18 日就作出正式决定并发出通知，在全省广泛地开展关于真理标准的群众性大讨论。在近一年后，中央决定在全党开展真理标准讨论的补课。可以说，在这一大讨论中，辽宁在全国先走了一步，成为全国最早、最深入开展的省份，表明在批判"两个凡是"的斗争中，任仲夷和辽宁省委有最为出色的表现。

十九、坚定不移为张志新平反昭雪

在思想理论战线上拨乱反正的同时，任仲夷以极大精力抓紧平反"四人帮"及其死党在辽宁省制造的大量冤假错案，从组织上反对"两个凡是"。

1978 年 10 月 14 日，任仲夷在辽宁省委常委扩大会议上声讨林彪、"四人帮"及其亲信死党在辽宁的罪行："砸烂了从东北局、省委到基层的各级党组织和各级领导机关，把一大批革命老干部，特别是各级党委的主要负责同志打成叛徒、特务、走资派……大搞划线站队，把一大批干部和群众诬蔑为'当了国民党兵'；在清队中，大搞法西斯专政，制造了大量的冤案、假案、错案，全省仅集团性的冤假错案就有 1200 多起，加上个人的冤假错案，牵连到 10 万多人，死了 2 万多人……把全省 11 万多干部以及民主人士撵到农村，连老弱病残者也不例外……一切诬蔑不实之词都要统统推倒，所有的冤假错案都要彻底平反昭雪。"

由于任仲夷和辽宁省委多数领导人对平反冤假错案的重视，辽宁省平反冤假错案的工作进展相当迅速。1978 年 5 月

张志新

到 8 月，先后公开宣布彻底平反涉及原省委书记、副省长等 300 多人的所谓"国民党军统沈阳情报联络站特务集团案"、所谓"中国国民党中央统计局沈阳站特务集团案"和"沈阳电信局军统情报组集团案"、所谓"'东北帮'叛党投敌反革命集团案"等重大冤案。

到 1978 年 10 月底，辽宁全省共清查出集团性的冤假错案 1300 多起，涉及 4.4 万多人，个人冤假错案涉及 6.28 万多人。全省共计应作平反纠正处理的达 10 万多人，已平反纠正了 8 万多人，占应平反总人数的 80% 以上。接着，省委又为辽阳市委"反革命集团"案等重大冤案进行平反；为原东北局和省委、省人委在"文化大革命"中被诬陷和错误处理的领导干部先后平反，恢复名誉；为因此受迫害的人彻底平反；为全部右派分子摘掉了帽子，对错划的右派予以改正；为平反的干部群众落实了政策。到 1978 年底，全省所有较大的冤假错案均得到了平反昭雪。

在任仲夷和辽宁省委平反的冤假错案中，最值得一提的是

左：张志新1955年入党。中：张志新眉清目秀，身材苗条，性格活泼。这是她读大学时的倩影。右：张志新多才多艺，喜爱弹吉他

为震惊全国、引起海内外巨大反响的张志新冤案平反昭雪。

张志新，1930年出生于天津一个爱国知识分子的家庭，解放后参加革命，上了大学，参加过解放军，1955年加入中国共产党，后来在中共辽宁省委宣传部文艺处工作。她眉清目秀，身材苗条，性格活泼，爱好文艺，自幼酷爱音乐，尤擅吉他和小提琴。她勤奋学习马克思主义和毛泽东著作，并善于用脑思考，凡事要问一个"为什么"。

在"文革"中，张志新出于对党和国家前途命运的关心，明确表示对林彪不信赖，对江青有怀疑，对打倒和陷害刘少奇、邓小平、贺龙、习仲勋等一大批革命老干部不满，也对"文革"和毛泽东晚年的错误提出直率批评。因此，她遭到林彪、"四人帮"及其死党等人残酷迫害，于1969年9月被捕，

张志新尤其喜欢拉小提琴

在牢狱中、法庭上、刑场上仍然坚持真理，坚贞不屈。1970年8月24日被硬加上现行反革命的罪名，判处无期徒刑。在长期监禁中，她的精神和肉体遭受巨大伤害，但仍坚持自己的思考和表达，被诬蔑是"装疯卖傻""抗拒改造""顽固坚持反动立场"。"四人帮"死党指令杀害她，1975年4月3日宣布对她加处死刑，次日4月4日即执行枪决。临刑前，行刑者害怕她发出真理的呼喊，竟然把她按倒在地，残忍地割断她的喉咙，惨无人道地秘密处决。这成为当代中国的一桩奇冤大案。

任仲夷调到辽宁时，张志新牺牲已近两年。1979年1月，此事在辽宁省委扩大会议上被揭露出来，引起任仲夷的高度重视，他在会上强调"公安司法部门应抓紧清查这一案件"。2月11日，他在省革委会五届三次全会上再次强调："这个冤案，

张志新在读书思考

一定要迅速查清，给予平反。"3月9日，辽宁省委召开常委会听取对张志新案复审汇报时，任仲夷提出坚决为张志新昭雪。

他说："张志新同志是一个很好的党员，坚持真理，坚持党性，坚持斗争，宁死不屈。她最后死在林彪、'四人帮'及其死党的屠刀之下。我主张和赞成定为烈士，予以彻底平反昭雪，对她的家属、子女要很好照顾，由此造成的影响要彻底肃清。要开追悼大会。要号

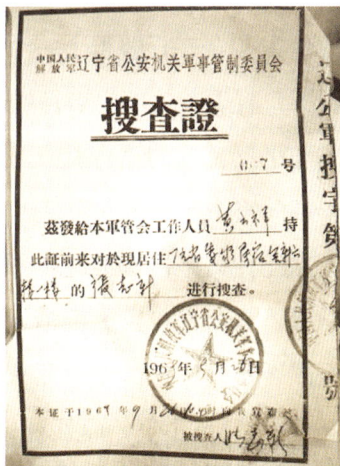

1969 年 9 月，张志新被逮捕时的搜查证

张志新与她的女儿和儿子

召党员、革命者向她学习。省委要搞出一个很好的文件，给张志新同志以表扬。""张志新同志是难得的好典型，是中华民族的优秀儿女，真够得上一个艺术典型。"在他的高度重视和督促下，省委有关部门当月就迅速写出《关于张志新案件复查情况和平反意见的报告》。辽宁省委作出决定，号召全体党员和干部向张志新烈士学习。

任仲夷坚决为张志新平反并在全省大张旗鼓地号召向她学习，是要冒着巨大政治风险的。当时正刮起一股极左思潮，企图否定刚确定的十一届三中全会路线。张志新不仅同林彪、"四人帮"作斗争，而且对"文化大革命"、对毛泽东主席的错误包括庐山会议上对彭德怀的错误批判也提出了批评。后两个问题，当时属于绝对的"禁区"。任仲夷为张志新平反，确

1979年春，华国锋到辽宁视察，在沈阳题词时任仲夷请他为张志新题词，他不愿意题。左起：任仲夷、曾绍山、李德生，右一为华国锋

实需要有相当高的马克思主义理论水平和政策水平，还需要有纯洁的党性、过人的胆识、果断的魄力。他不仅承受来自中央一些领导人的压力，就连当年判处张志新死刑的原审法官也称是"按照实事求是定罪的"，还对复审案件的法官说："毛主席、毛主席著作，她（张志新）反了。你能翻案？"任仲夷果敢地绕过"禁区"，为这一平反定调为"张志新是反对林彪、'四人帮'"，将张志新批评毛主席的言论笼统地列入神志不清时所讲，"把这些说成是她的，是不公平的"。

这时，中共中央主席华国锋正在辽宁视察，为一些单位题

1979 年 3 月 31 日，辽宁省委召开大会，为张志新平反

词时，任仲夷建议："请华主席给张志新题个字。"华国锋扫了他一眼，未予理睬，意思明显是不给题。在一旁的几位干部见状，担心平反之事有"行不得"之疑，事后神经紧绷地问他怎么办？任仲夷沉着坚定地说："他不题可能有别的考虑，这不要紧，我们还是按省委的决定干。"这一句"按省委的决定干"掷地有声，表明任仲夷坚守党的原则，哪怕压力来自最高领导人也初衷不改！

后来有人问他，给张志新作出平反决定前，是否向中央

油画作品《共产党人——任仲夷、张志新、胡耀邦》（作者：李斌）

打招呼？他回答："没有。有错必纠嘛，这是共产党人义不容辞的职责。冤案有很多，没有必要就张志新一人的案子请示中央。"他心里清楚，如果张志新案子送请当时的中央批示，这案要翻就很难了。

在任仲夷主持下，1979年3月31日，中共辽宁省委为张志新召开了平反昭雪大会，宣读了《关于为张志新同志彻底平反昭雪，追认她为革命烈士的决定》，宣布为她恢复名誉，恢复党籍，追认为革命烈士。1979 年 4 月 5 日，《辽宁日报》刊登《为真理而献身》的长篇通讯，首次公布张志新同林彪、江青斗争的壮烈事迹。在任仲夷的支持下，《辽宁日报》对张志新的宣传持续了 5 个月，编出了 20 多个专版。任仲夷还提议辽宁的报纸在显著位置，刊发放大的张志新的照片。辽宁登载后，全国许多报刊也都登了张志新的大相片，她生动柔美的外貌和坚毅的内心打动了无数人。

《人民日报》编辑部看了这篇长篇通讯极为感动，决定转

当时全国各大报纸介绍张志新的文章如潮似涌

载，并将有关情况报告给中央秘书长、中央宣传部部长胡耀邦。胡耀邦说，张志新是刘胡兰式的英雄人物，《人民日报》应该刊登。于是，1979 年 5 月 25 日《人民日报》在一版加"编者按"发表张志新英勇斗争事迹的长篇通讯《要为真理而斗争》。6 月 11 日，《人民日报》又加"编者按"发表张志新在狱中的一次答辩（摘录）《以党和人民的利益为第一生命》。

新华社向全国播发《人民日报》5 月 25 日的长篇通讯和编者按语，各地报纸纷纷转载文章及张志新照片。《光明日报》从 6 月 5 日到 13 日，用四个版面的篇幅刊登张志新的事迹，其中有记者写的长篇通讯《一份血写的报告》，有张志新的爱人和女儿的回忆文章。6 月 16 日，《中国青年报》在刊登张志新事迹时，发表《学习共产党人的浩然正气》的社论，热烈赞扬张志新的崇高品质。

张志新烈士撼人心魄的英勇事迹经媒体的报道，令中国沸腾起来了。各种情绪以累积了 10 年的惊人能量在文章、诗歌、连环画中持续发酵，迅速在海内外引起强烈的反响，张志新的英雄形象深深铭刻在中国人民心上，大大推动了全国揭批"四人帮"的进程，为思想解放加了一把大火。

任仲夷并没有停留在为张志新平反昭雪和赞扬歌颂这一层次上，而是进行深层次的思索，总结出深刻的历史教训。1979 年 8 月，他在五届全国人大二次会议上就张志新冤案作了系统的专题发言。这篇发言以《吸取历史教训，健全社会主义法制——谈张志新同志被害这种冤案产生的原因和有关问题》为标题，刊登在《工人日报》上，《人民日报》于 1979 年 8 月 30 日作了转载。

任仲夷提出应当从张志新的冤案中总结吸取 4 条非常重要的教训：一、我们的专政制度应当在法律上明确地分清罪与非罪的界限，并把政治思想反动与有行动的刑事犯罪区别开来。二、对敌专政也要严格按照法律程序办事，也要采取合法的手段。对敌斗争的扩大化，在审讯中搞逼供信甚至采取极不人道的法西斯手段，必然在革命队伍内部造成大批冤假错案。三、要加强社会主义民主和社会主义法制，党内生活必须正常化。四、最根本的是必须防止林彪、"四人帮"一类阴谋家篡夺党和国家的领导权。

二十、破除"谈富色变" 开展致富大讨论

从 1977 年到 1979 年，任仲夷在全省各种会议上，平均每个月有三次、共有上百次发言，都在强调一个中心——把经济建设搞上去。

邓小平于 1978 年 9 月中旬到辽宁视察时对任仲夷说过一

1978 年 9 月，邓小平到辽宁视察时对任仲夷说，要让一部分人生活先好起来。任仲夷理解他的意思是要让一部分人先富起来

句话："要让一部分人生活先好起来。"任仲夷一直在思考，他理解邓小平说的意思就是要让一部分人先富起来。他后来说："别看这么一句话很简单，但意义十分重大。当时很多人还受'富则修'极左思想的影响，'谈富色变'。小平同志讲了这么一句话，才冲破'富则修'这种极左思想的束缚。"因此，他无论走到哪里，都讲尽快使人民特别是农民富裕起来，首先让一部分人先富起来。

1979年2月，任仲夷到辽宁康平县小城子公社看望过去因家庭养兔受到批判的养兔能手陈淑兰，称赞她："你为发展家庭副业，使一部分农民先富裕起来树立了榜样。"

任仲夷（左三）到建平县田地考察土壤情况

当时，辽宁的市场上空空荡荡，粮食、猪肉、豆油都短缺，城市每人每月只供应3两油、半斤猪肉和8斤豆饼做的豆腐，蔬菜、副食也都是凭票供应。农村状况比城市还糟糕，农民生活极度穷困。在极左路线肆虐时期，农民家中养两只鸡，生几个蛋，拿到市场去卖，换回一点油盐，也成了走资本主义道路，要受批判，"割尾巴"，农民无不"谈富色变"。

1979年2月，任仲夷和分管农业的副省长赵奇、秘书张岳琦、《辽宁日报》总编辑赵阜一行，用了半个多月的时间，到辽北五县——开源、昌图、西丰、康平、法库进行调查研究。任仲夷身穿大棉袄、棉鞋，头戴棉帽，跟一个老农差不

1979 年 3 月，任仲夷观看昭盟冬季冰上捕鱼

多。一路上坐吉普车，住招待所，吃苞米茬子、高粱米饭、土豆炖白菜、土豆炖豆角、小葱豆腐蘸大酱，没有一次宴请，没有一次迎送。他每到一地，不光是听领导汇报，而且还深入群众，找基层干部、农民、教师座谈，他还亲自到农民家里了解他们的生活情况，听取他们的愿望、呼声。有一次，任仲夷来到一个中年妇女家里，她的丈夫早已去世，留下 3 个孩子，炕上只有一张破草席，4 口人共用一床破棉被，吃的是难以饱腹的高粱、玉米加咸菜。任仲夷看了很难过，动情地说："我们建国这么多年，老乡还这么穷，实在对不起他们啊！"

任仲夷
在田间地头

1979年2月17日，任仲夷在昌图县三级干部会议上，发表了被称为"三定"的讲话，即"政治要安定，政策要稳定，领导要坚定"。他说："在执行政策过程中，不要怕农民富裕起来，不要怕生产队集体经济富裕起来，也不要怕一部分农民和生产队由于劳动好、生活好、贡献大而先富裕起来。一部分人先富起来，起示范作用，可以带动大家更快地都富裕起来，这是好事，决非坏事。过去'四人帮'反对'冒尖'，谁要是富裕了就'掐尖'，那是完全错误的。大家陆续富起来，总比搞平均主义把大家都拖穷好。"

1979年8月8日，中共营口市委召开农村工作会议，着重研究农村如何尽快富起来的问题。任仲夷听说后很高兴，于8月9日赶到营口，并在8月10日的大会上作了讲话。他一开口就语出惊人："我们为什么要革命呢？第一条就是要'由奴变主'。'奴'就是奴隶，'主'就是主人。……革命的第一个目的，就是推翻三座大山，人民当国家的主人，也就是《国际歌》中说的'要做天下的主人'。……人民变奴为主这个任务，我们已经胜利地完成了。第二条是'由穷变富'。革命的目的就是为

《辽宁日报》编辑范敬宜（左）向农民进行调查

任仲夷(右二)在沈阳与劳动模范们座谈,赞扬他们为富国富民作出贡献

了由穷变富。……由奴隶变成主人后,紧接着就是由贫穷变富裕。我们搞 3 年调整,搞社会主义建设,搞四个现代化,就是要改变贫穷面貌。我们大干,不怕苦,就是为了不断提高人民群众的物质文化生活水平。""由穷变富是真理,是社会主义社会的发展规律。要使我们的国家繁荣富强起来,使人民群众更富起来,这是共产党人在社会主义建设中天经地义的职责。""你们在全省先走一步,起个带头作用。今天在座的就是组织由穷变富的力量。"他的话音刚落,就博得全场热烈的喝彩,大家心里热乎乎的。

8 月 29 日,辽宁日报社收到任仲夷这份讲话稿后,编辑

1978 年，任仲夷（前右二）、陈璞如（前右一）陪同中共中央副主席、国务院副总理李先念（前右三）和国务院副总理陈永贵（前右四）在辽宁考察农业增产情况

部范敬宜等几位编辑犯难了。按理说，省委第一书记的讲话照发就是，可是讲话中有"革命的目的是由穷变富"等内容，这对于长期处于"谈富色变"时代的人，真如石破天惊。编辑们议论起来："革命的目的当然是消灭资产阶级，怎么能说是由穷变富呢？"经过"慎重研究"，编辑们最后采取这样的"保护性措施"：一、消息不上一版头条；二、标题字号不要突出，不要让那两条"革命目的"上标题；三、删去记者的署名，以防"秋后算账"。

8 月 30 日，《辽宁日报》以"任仲夷同志在中共营口市委

1979 年 11 月，任仲夷在中共辽宁省县委书记会议上号召全省开展
"敢不敢富、能不能富、会不会富、让不让富"大讨论

1979 年 8 月，任仲夷（右三）视察辽宁喀左县文化馆

农村工作会议讲话时提出:一心一意搞四化,千方百计富起来"为题作了报道,放在一版不显眼的位置上。9月初,《人民日报》摘要发表了任仲夷的讲话内容。9月2日,辽宁省委批转了营口市委《关于如何使营口地区尽快富起来的报告》。营口市立即开展了农村尽快富起来的大讨论,成为全省第一个开展农村抓富的市。

《辽宁日报》宣传抓富,全国不少省市却不以为然。有一个市的日报向市委请示,辽宁现在宣传抓富,我们是不是也应该宣传?市委说,不行!辽宁是辽宁,我们是我们,我们不能乱提。

1979年11月17日,在中共辽宁省县委书记会议上,任仲夷代表省委,号召在全省开展"敢不敢富、能不能富、会不会富、让不让富"的大讨论,鼓励农民" 定要变穷为富"。他在这个长篇讲话中,从革命的目的、社会主义的本质、农民的生活状况,系统地论述了由穷变富的必然性、现实性、迫切性,全面地论述了敢不敢富(清除农民头脑中"谈富色变"的余毒)、能不能富(党的十一届三中全会后的有利政策、本地丰富的资源)、会不会富(怎样富起来的办法)、让不让富(各级领导和部门应大力支持和帮助)的问题。《辽宁日报》于11月21日以《敢不敢富、能不能富、会不会富、让不让富》的大字标题,在头版头条作了报道。

任仲夷一发出致富号召,立即得到全省群众热烈拥护。尽

任仲夷与李德生在辽宁农村考察，为农业丰收而高兴

管也有些人把他告到中央去，但他毫不退缩，坚定抓富。一场
具有时代意义的农村致富大讨论在辽沈大地普遍开展起来了。
这场大讨论砸碎了套在广大农村干部和群众头上的紧箍咒；冲
破了"以阶级斗争为纲"的禁区，树立了以生产为中心的思
想；冲破了"按劳分配是产生资本主义的基础"的禁区，落实
了农村各项经济政策，调动了农村干部、群众的积极性；冲破
了"富则修"的禁区，允许少数社队和社员先富起来；冲破了
"以粮为纲""穷过渡"的禁区，坚持按经济规律办事，进一步
解放和发展了生产力。致富大讨论使全省农民精神大振，人人
争先致富。群众的许多创造，都得到了任仲夷和省委的热情支

1980 年 6 月底，任仲夷在大连向华国锋提议将大连建设成北方的经济特区，可惜未能如愿

持，各级领导机关也纷纷在本地开展热火朝天的致富创新活动，辽宁的经济发展出现了大好局面。

　　1979 年 8 月，任仲夷到营口县参加干部会议时问："你们每年人均收入是多少？"一个声音回答响亮："200 元！"当年营口地区人均收入 118 元，已是全省"冠军"了。达到人均 200元，大家认为已经够高了。任仲夷却说："200 元就到顶了？太少了！你们应该努力在三年后达到 500 元！"他说完，会场霎时静了下来，接着爆发出一阵哈哈哈的笑声。任仲夷严肃地说："你们笑什么？有什么可笑的？你们这种笑，不是开心的笑，也不是充满信心的笑，而是被 500 元这个数字震住了，你们是被吓笑的！吓得害怕了，不相信地笑了起来！其实，你们只要解放思想，千方百计，发展生产，广开门路，三年后，完全可以达到人均 500 元的目标。"被省委第一书记一说，被"吓笑"的干部们不敢再笑了，但心里都认为这个指标是"天方夜谭"，三年翻一番半呀，可能吗？任仲夷事后把这件事告诉范敬宜。范敬宜说："等到营口县农村人均达到 500 元那一天，我一定写一篇报道，把您这个情节写进去。"三年后，范敬宜到营口县了解，当地果然达到人均 500 元。他为任仲夷的远见、果敢、睿智所折服，履行诺言把这件事写出来登报，标题叫《在曾经被吓笑过的地方》。这时任仲夷已调到广东工作，范敬宜把这篇通讯寄给他，他高兴地回了信。

二十一、主政广东前受到九位中央领导接见

1980年10月下旬，总书记胡耀邦对任仲夷说：你曾要求在大连办特区，这不可能，但中央决定调你到一个有特区的地方去工作，就是广东，让你去办特区。任仲夷听后提出：现任广东的一、二把手习仲勋、杨尚昆两位领导能否留一位在广东，他当一把手，我当二把手？胡耀邦说：他们两位都不能留，另有任用，你就去干吧。

没多久，习仲勋从广东打电话到沈阳，催促任仲夷快点到广东上任。此时，习仲勋、杨尚昆已从中央为广东请来实行特殊政策和灵活

黑龙江省委第一书记杨易辰恳切地提醒老战友："仲夷同志，此去广东，你不是立个大功，就是犯个大罪。"

任仲夷上任广东前在中南海

措施及创办特区的"尚方宝剑"，为广东的改革开放做了大量工作，并取得一些初创性的成果，中央调他们进京担负更重要的工作。因此实施改革开放先行一步这一重担便压在了任仲夷的肩头。

黑龙江省委第一书记杨易辰对他说："仲夷同志，此去广东，你不是立个大功，就是犯个大罪。"他十分清楚老战友的意思，去"有特区的地方"做改革开放的开拓者，必定面对许多"禁区"和"雷区"，要冒极大的政治风险。这一年他已66岁，在黑龙江和辽宁都干得不错，获得党和人民的高度评价，算是功成名就了。此番赴粤，不是鲜花遍地，而是荆棘满途，前途

中央副主席叶剑英接见任仲夷

难料。任仲夷面对中央的重托，国家改革大业的召唤，南粤人民的热切期待，没犹豫，不却步，义无反顾向前行。

1980年11月9日，中共中央正式任命任仲夷为广东省委第一书记，轻工业部部长梁灵光任广东省委书记兼广州市委第一书记。他俩赴任前的10月31日至11月6日，叶剑英、邓小平、李先念、胡耀邦、赵紫阳、万里、韦国清、姚依林、谷牧等九位中央领导先后接见他们，给予鼓励、支持与指点。对于两位省级干部的任命，中央给予如此高度关注，这是极为罕见的，表明中央对广东这个改革开放前沿试验区的高度重视。

中央副主席叶剑英对他俩说："广东是个好地方。教育比较发达，水运条件好，华侨多，他们对建设祖国很热心。珠江口已经钻探出石油。广东有些山区，要靠山吃山，向建设山区进军。"叶帅紧紧握住他俩的手，再三叮嘱要重视团结："要搞好外来干部和地方干部的关系，搞好地方干部和外来干部的关系。"

任仲夷明白叶帅这话的深意是指，他和梁灵光一个是河北人，一个是福建人，两人都与广东素无渊源，连广东话也不懂。而广东在20世纪50年代曾两次无中生有地发动所谓反"地方主义"，全省受株连和处分的地方干部约3万多人，广大干部身心的创伤长达二十多年无法愈合，在海内外造成极为恶劣的影响，成为广东最大的冤案。

他俩一再表示："请叶帅放心，我们一定讲五湖四海，搞好外来干部和地方干部的团结。"叶帅信赖地看着他们，亲切地笑了："这样我就放心了。"

接着，他俩又去见了中央副主席邓小平。邓小平对他们说："特区不是仅仅指深圳、珠海那几块地方，单搞那一点地方不行，你们要充分发挥这个有利条件。对于搞特区，你们要摸出规律，搞出个样子来。"他俩表示：中央要求广东成为全国的先驱和排头兵，发挥创造力和闯劲，以很大的魄力去打开局面，我们一定尽最大的努力达到中央的要求。

小平同志又强调要抓政策，谈到了辽宁这几年因为政策对头发生了很好的变化时说："同样的条件，搞得好和搞得不好

任仲夷与胡耀邦亲切交谈

就不一样。政策一对头，一落实，情况很快起变化。广东的工作，也要从抓政策入手，调动积极性。"

小平同志谈到广东历史问题时说："广东的情况很复杂，老案不要再提了，搞不清楚。过去的事情就算了。当然，历史问题完全不提也不行，但要粗一点，彼此照顾一下，不要再纠缠了。只能用这个办法，要引导大家向前看。"

谈完正事他们又聊起艺术问题。任仲夷谈了怎样看待首都机场候机大厅的裸体画问题，又对小平同志说，现在的艺术作品八股味很重，群众用顺口溜嘲笑我们的故事片内容公式化："生产队长犯错误，老支书前来帮助，请老农诉阶级苦，最后抓个大特务。"小平同志听后哈哈大笑说，你的观点是正确的。

小平同志与他们的谈话进行了足足一个半小时。他俩离开后，还一直思考小平同志的话，一致认为广东历史问题要按中央"宜粗不宜细"的原则处理。

改天，胡耀邦同志接见了他俩。胡耀邦才思敏捷，热情洋溢，不停打着手势说："广东的条件是好的，广东的潜力非常大。""有一首民谣：'千海万海，不如北海；千州万州，不如廉州。'我也写了一首打油诗：'千州万州廉州好，山水林田都是宝；四五规划巧安排，人均千元跑不了。'就是说，经过第四个五年计划，国民收入达到平均

胡耀邦送给任仲夷、梁灵光一副成都武侯祠关于治蜀的对联，把"蜀"字改为"粤"字。图为成都武侯祠治蜀对联

每人一千元是完全可能的。"他话锋一转："要弄清广东的困难是什么，关键在哪里？目前有能源问题、运输问题、农业问题，但根本困难是干部思想不一致。"又说："以前的问题，各人都有一本辛酸账。过去的事情就过去了，今后看干部，就是

任仲夷很喜欢胡耀邦送的这副对联。图为他晚年在家中再用
毛笔书写这副对联

国务院副总理万里到广东视察工作，与任仲夷亲切握手交谈

1980 年 11 月 8 日，任仲夷飞赴广东上任，受到习仲勋热烈欢迎。图为两位新老书记亲切握手

要看你的成绩，看你的风是正还是不正。干部不管是本地的还是外来的，老的还是新的，只要工作有成绩就是好干部。工作松松垮垮，慢慢腾腾，像打太极拳似的不行，要打少林拳。"他还意味深长地说："毛主席曾讲过成都武侯祠一副关于如何治蜀的对联。我现在写给你们：'能攻心，则反侧自消，从古知兵非好战；不审势，即宽严皆误，后来治蜀要深思。'我把下联换了一个字赠给你们，即'不审势，即宽严皆误，后来治粤要深思'。"

任仲夷深感这一字之换的分量。他领会，这副对联的上联

1980 年 11 月 11 日，任仲夷（左）、梁灵光（右）在广东省委办公室

1980 年 11 月 11 日，任仲夷（右一）、梁灵光与习仲勋（前中）、杨尚昆（左一）等人一起视察广州

是讲争取民心的重要，下联是讲政策必须从实际出发，审时度势，通权达变，才能将南粤治好。

他俩又到了副总理万里的办公室。万里语重心长地说："你们要解放思想，放手把经济搞上去，闯出一条新路。你们犯了错误也不要紧，国务院负责。你们先走一步，犯错误对全国来说也是有意义的，可以吸取教训。你们要把广东的经济搞得更活一些，各部的规定不符合广东情况的，你们可以不执行。"还说："要强调稳、准、快，中心是发展经济，改善人民生活。把经济搞上去，抓好这个中心，怎么说怎么有理。"

任仲夷和梁灵光领命后，旋即于 11 月 8 日飞赴广东上任。

11 月 18 日，中共广东省委在广州中山纪念堂召开省、市局以上党员干部会议，当习仲勋宣读完中央任命任仲夷为中共广东省委第一书记的通知后，全场近 5000 人响起长时间的热烈掌声，广东广大干部欢迎这位思想解放、作风正派、胆识过人的新书记来主政广东。

任仲夷站起来向大家点头致意。他首先传达了中央领导人接见他和梁灵光的主要谈话内容，接着发表了自己对今后广

1980 年 11 月 18 日，广东省委举行宣布任仲夷（前右三）就任广东省委第一书记大会。前右二为习仲勋，前右一为杨尚昆

东工作的看法。他紧扣邓小平有关"广东工作从抓政策入手"、胡耀邦应"攻心"和"审势"的要求，不逐一去谈处理广东一大堆困难和问题，而是高瞻远瞩地集中讲执行好中央关于广东先走一步决策的主题。他说："特殊政策要真特殊，灵活措施要真灵活，先走一步要真先走，不然还是空的。"这是他到广东后发出的第一个口号——"三真"方针。与会者精神为之一振，劲头被鼓动起来了，会场上再次爆发出雷鸣般掌声。

任仲夷提出的"三真"方针，后来得到邓小平的肯定以及中央书记处的认可，成为全省上下奋斗的目标。

任仲夷到任后，与省长刘田夫为平反广东反"地方主义"冲破重重阻力，在前任习仲勋、杨尚昆的工作基础上，由他主持广东省委常委会议作出决定，于1982年4月向中共中央请示报告，去掉了称对古大存、冯白驹进行批判是"必要的"、反"地方主义"也是"必要的"错误提法，把"地方主义"的尾巴割掉了。在胡耀邦、黄克诚、习仲勋等中央领导人的支持下，排除了不少障碍，中共中央终于在1983年2月发出为冯白驹、古大存彻底平反、恢复名誉的通知。任仲夷此举解除了众多广东干部多年来头上的紧箍咒，得到广大干部交口称赞和拥戴，使他们以百倍热情投入到开创"三真"新局面上来，为打开广东新局面奠定了重要的干部基础。

二十二、在国民经济调整中
提出"三个更放"

任仲夷刚到广东的第二个月，1980 年 12 月，中央召开工作会议讨论国民经济的调整。

会议作出了调整经济的决策，要求压缩基建战线，要求"退够"。许多建设项目下马，全国到处是"关停并转"之声。

邓小平在会议上

中央各部委发文时都要求"广东、福建不例外"，财政部变相改变对广东财政包干政策，要求广东上缴财政任务超出包干数的八成半以上，这实际让广东无法承担。

好在邓小平在会上说："在广东、福建两省设置几个特区的决定，要继续下去。但步骤和方法要服从调整，步子可以走慢一点。"

任仲夷依照这个策略性的提法，审时度势根据实际情况大胆变通。12月17—22日，他在中央工作会议上先后作了4次发言。他说，我拥护中央关于调整和稳定经济的决策。广东决定，凡是不符合中央规定的建设项目，一律停下来；对部分企业实行关停并转，整顿五小企业和社队企业；在必须实行行政干预的地方，要加强行政干预。但他强调："集中统一和干预的根本目的，也是为了把经济搞活，更好地发展工农业生产和整个国民经济。"他引用陈云在五六十年代多次讲话的观点，既有强调综合平衡、集中统一的一面，也有强调把经济搞活、不能统死的一面。"陈云同志过去讲过的问题，凡是符合当前

任仲夷（右一）和梁灵光（右三）一到任当月就到经济特区视察。图为他们在珠海经济特区

193

1980年11月25日，任仲夷在珠海特区与省市有关领导合影。右起：吴南生、吴健民、任仲夷、范希贤、梁灵光、关相生

实际情况的，我们都应当继续贯彻，再不可犹豫摇摆了。"

他郑重提出了意见："我希望中央和国务院在强调集中统一和行政干预的同时，继续强调把经济搞活，把这两者集合起来，以免使干部和群众误以为政策又'翻个'了。政策总发生'一百八十度的大转弯'，那就是'折腾'，就会引起波动和造成损失。我认为这是应当防止和避免的。我们30年来社会主义建设的经验证明，把经济工作搞活不容易，搞死却很容易。这几年好不容易才搞活了一点，如果不注意，可能一下子又退回去。我们有些部门的干部，本来就习惯于统死，一阵风退回

1981年1月，任仲夷兼任广东省军区第一政委

去，那是很容易的。"

他坦诚地提出从三个方面防止这种片面性：

第一，应当划清界限。该集中的要集中，该搞活的要继续搞活。"过去有一句话，叫作：'一活就乱，一乱就统，一统就死。'为什么会这样呢？问题往往出在治乱的措施上。当某件事或某项政策出了一点问题的时候，我们应当对问题进行具体分析，以求找到改进的办法，而不应当因为出了问题就否定这件事本身或取消这项改革。"

第二，应当继续给下面必要的自主权和办事权。要防止一提行政干预，就对下边事事干预，捆住手脚，统得过细、过严、过死的现象发生。中央给了广东很大的权力，文件上写了"中央授权给广东省，对中央各部门的指令和要求采取灵活办法，适合的就执行，不适合的可以不执行或变通办理。"这把"尚方宝剑"，广东省基本上还没有用过，恐怕想用也难。

第三，希望政策保持相对的稳定性和连续性。他批评说，轻易宣布一些很好的政策不算数了，眼前看好像能多抓到手里几个钱，实际上并未增产任何东西，社会财富并没有丝毫增加，从长远看却削弱了干部和群众对政策的信心，挫伤积极性，破坏生产力。

他说：中央和国务院的文件都提到，两省实行特殊政策，

1981 年 3 月 25 日，任仲夷（左三）视察汕头市感光照相化学厂

中央是下了决心的，中央确定的这个政策是不会变的。"小平同志说，所谓特区，不只是指几块小地方，是指广东、福建两个省。单搞那一点地方不行，而是指广东、福建两个省。也就是说，对这两个省实行特殊政策。"他沉重地说："我们最担心的是广东的特殊政策还能不能搞下去。万万没有想到，令人担心的事情这么快就出现了。如果真这样办了，广东的所谓特殊政策就吹了。中央刚刚制定的政策就推翻了。"他恳切要求："中央的重要决策，不宜朝令夕改，轻易改变。我们希望中央和国务院有关部门都能支持和维护中央的这个政策。"

任仲夷参加中央工作会议后回广东，经深思熟虑于1981年1月提出"三个统一"方针

任仲夷回广东后，经过深思熟虑，只在调整上做文章，把改革、发展与调整有机地结合起来，调整是为了更快地发展。他在 1981 年 1 月 16 日的中共广东省代表会议上提出"三个统一"的方针：把调整和实行特殊政策统一起来，把"集中"和"搞活"统一起来，把"退够"和"前进"统一起来。他强调，实行调整并不意味着特殊政策和灵活措施的取消，相反要把两者很好地结合起来。又强调，该集中统一的，一定要集中统一，不能含糊；该搞活的，一定要继续搞活，不能倒退。经济搞活，必须有利于克服困难、有利于调整、有利于生产发展、有利于满足人民需要，做到活而不乱。任仲夷还强调，必须退中有进，通过调整，退够站稳，扬长避短，使广东经济更稳定、更健康、更活跃，迎来更大发展的新局面。

1981 年 5 月 15 日，任仲夷在广东省委会议上说，调整绝不意味着改革的停顿，放慢改革步伐，全国放慢两步，广东只能放慢一步，总得比全国要快，中央叫我们先行一步嘛

他在 5 月 15 日的中共广东省委会议上又

说:"强调调整,绝不意味着改革的停顿,而是要以调整为中心,使调整和改革相辅而行。中央给我们实行特殊政策、灵活措施的权力就要有改革。放慢改革步伐,全国放慢两步,广东只能放慢一步,总得比全国要快,中央叫我们先行一步嘛!"

在1981年5—6月国务院召开的广东、福建两省和经济特区工作会议上,任仲夷进一步提出总揽广东工作全局的"三个更放":一、对外更加开放,包括积极利用侨资、外资,引进适用、先进技术和科学管理方法,扩大对外贸易,办好三个特区。二、对内更加放宽,包括内部经济体制改革,允许多种经

1981年5月,任仲夷在广东、福建两省会议上提出"对外更加开放,对内更加放宽,对下更加放权"的"三个更放"提法,成为两省执行特殊政策和创办特区的指导方针

1981 年，任仲夷视察粤北山区乐昌县坪石镇。右起：
杨应彬、张岳琦、任仲夷

济成分并存，处理好计划经济和市场调节的关系，更加重视市场在经济中的作用，更好地运用价值规律和各种经济杠杆，把经济搞活。三、对下更加放权，包括扩大两省权力，含经济、人事、地方立法权；省对下级政府放权，扩大企业的自主权，把大量具体的经济决策权下放到企业。

中央同意了任仲夷"三个更放"的提法，并体现在 7 月 19 日中央文件中，成为两省执行特殊政策和办特区的指导方针。

在任仲夷带领下，省委政策对头，克服重重困难，先后关

1981 年 2 月 4 日，任仲夷到广州南湖宾馆向叶剑英拜早年

停并转了近千家生产条件差、耗能高、效益差的小钢铁、小化工企业，着重发展轻工业，发展食品、电子、家用电器、纺织等行业，建立起具有广东特色的轻型产业结构。"珠江水"（饮料）、"广东粮"（饼干等食品）以及电子、家用电器等"广货"很快称誉全国。在调整中，广东和特区的经济不但没后退，反而获得高速增长，真正在全国"先走一步"。广东的广大干部群众由此开始领略任仲夷驾驭复杂局面的能力——把中央决策与地方实际紧密结合、把原则坚定性与策略灵活性紧密结合，他们对任仲夷的胆识由衷地折服。

二十三、打击走私两次奉命进京

1982 年 1 月 11 日，中共中央向全国发出紧急通知，针对中纪委简报反映广东一些沿海地区干部出现严重的走私贩私、

1981 年，广东边防海警在打击沿海走私

投机倒把、贪污受贿等现象，要求严厉打击。当时广东个别沿海地方，出现了渔民不打鱼，工人不做工，农民不种地，学生不上学，一窝蜂地在公路沿线、街头巷尾兜售走私货的现象。走私主要是从香港来的收录机、电子表、电视机，还有衣服、袜子这些东西。随着外资的引进，也出现了行贿受贿、以权谋私

202

　　1982年1月，国务院副总理谷牧到广东和任仲夷谈起广东走私时说："仲夷同志，现在人家对广东议论纷纷啊！"

的现象。

任仲夷立即召开各种会议要求全省坚决贯彻中央紧急通知精神，**坚决打击经济犯罪活动**，省委为此专门成立了领导小组，开始查案。中纪委领导也带队进驻广东调查办案。副总理谷牧到广东一见任仲夷就不无忧虑地说："仲夷同志，现在人家对广东议论纷纷啊！"

2月11日至13日，中央书记处召开广东、福建两省座谈会，让任仲夷带队，把广东省党政领导18个人叫到北京，这在广东历史上绝无仅有。会上，任仲夷、省长刘田夫等人如实汇报了广东走私贩私、贪污受贿等情况和省委所采取的措施，谈到广东向中央汇报不够及时，中央对此也不够了解，中纪委简报反映的是前几个月的情况。广东在上一年组织了两次全省性大规模的反走私行动，遏制了大规模走私贩私浪潮，经过多个部门联合打击，走私贩私活动已在减少，而不是发展。又实事求是地反映实行特殊政策、灵活措施以来的成绩，希望中央不要收回给予广东的特殊政策。

但是，会场充满肃杀之气。有人说广东对走私贩私"放羊了"；有人说"广东这样发展下去，不出3个月就得垮台"；有人说决不能手软，"要杀一批头"。因"文革"后已宣布不再搞政治运动，就说这是"不叫运动的运动"。走私罪没有规定死刑，就提出要修改刑法。不寻常的是，会上还印发了中央书记处研究室编写的一份材料《旧中国租界的由来》。有人说广东已经改变颜色，要收复失地，过去的租界就是糊里糊涂送给外国人的。这意味着，会议不仅要解决走私贩私等经济犯罪问题，还涉及要不要办特区的问题。

会上，项南附在任仲夷耳边悄声说："开了两天会我才明白，原来找福建是来'陪绑'的，实际是对你们的。"

面对种种责难、质疑，任仲夷依然在会上提出，处理走私问题应当划清几个政策界限：因经验不足而造成工作失误和违法犯罪的界限；走私贩私、投机倒把同正确实行特殊政策、灵活措施的界限；个人贪污与非个人贪污的界限。对于经济上犯有一般性错误的干部着重批评教育，可减轻或免于处分。但中央个别负责人不同意，认为这样失之过宽，主张从严处理，以儆效尤。任仲夷分辩说，基层干部出现工作失误，有的与省的政策规定有关，应由省委、省政府承担责任。后来，中央同意他的意见，把这个观点写入会议纪要，这就保护了一大批干部。

胡耀邦等中央领导明确表示，中央给广东的政策不会变，但是要总结经验，继续前进。要求广东更坚决、更有效地贯彻中央的紧急通知，进一步端正思想，更好地实行特殊政策和灵活措施。

会后几天，胡耀邦打电话要任仲夷再度进京，说政治局常委认为广东的同志思想还不通，还有些问题没"讲清楚"，还很不放心。任仲夷心里清楚，主要是对他本人"不放心"。于

是，他提出自己刚到广东不久，情况不熟悉，请求与刘田夫一
道赴京。于是，任仲夷和刘田夫第二次上北京，后来这件事被
广东人称为"二进宫"。

2月19日，胡耀邦等领导人召集任仲夷、刘田夫和福建
省委第一书记项南开会，传达了政治局常委的指示，严厉批评
广东贯彻中央精神不力，要求广东高度重视这场在经济领域与
资产阶级自由化的斗争。有领导说广东的改革冲击了计划经
济。有的说广东的工作不是"活得不够"，而是"活过头"。有
的说广东"见怪不怪，习以为常"。有的责问任仲夷是共产党
员吗？像广东这样的地方，资本主义熟门熟路，不应当用头脑
灵活的人，必须用金刚钻（指立场坚定的人）。

会后，任仲夷心情复杂沉重。他想，广东的改革开放才起
步，刚取得初步成绩就遇上这场运动。这样一搞，先走一步就
难以走卜去了。说广东"活过头"，实事求是讲，广东还有很
多该活的没有活起来，离活还差得远。经济只有活不够，没有
活过头，过头就不是真活了。说"见怪不怪"，其实更多地是
说的人自己"少见多怪"，对一些新人新事看不惯，接受不了，
横加指责，干预过多。明知故问我是不是共产党员。我身为共
产党的省委书记，能不是共产党员吗？这样责难，反映了中央
领导内部对改革开放的做法有不同意见。

就在半个多月前，也就是1982年1月，广东省委接到中
央通知，说邓小平同志要到广东过春节，主要是去休息，不听

汇报，省委一把手可以去见见面。任仲夷认为，此时中央已经
向全国发出打击广东一些沿海地区走私贩私等现象的紧急通
知，便与秘书张岳琦认真准备了材料，争取以较短时间把主要
情况汇报清楚。任仲夷见到小平同志时，着重讲了广东前一段
改革开放的做法和突出成效，特别是突出讲到，由于执行中央
的政策，广东许多发展指标已从全国平均水平以下变为居于前
列甚至首位，群众生活明显改善，深圳在不依赖国家投资的条
件下从一个边陲小镇正在建成一个现代化城市。任仲夷实际上

1982 年春节期间，邓小平在广州地区军民联欢会上与任仲夷(左二)、
广州军区司令员尤太忠（左一）亲切握手

汇报了一个多小时，超过了限定的时间。小平同志听得很认真，边听边沉思，偶尔问一问，基本不表态。看情形，他是听进去了。他对任仲夷说："中央确定的政策是正确的，如果你们认为好，就坚持搞下去。"任仲夷认为，作为共产党员，要坚定不移执行中央的方针、决策和小平同志的指示，在改革开放和创办特区问题上，绝不能动摇。

这天晚上，中南海礼堂放映电影，任仲夷打电话叫在国家进出口委工作的儿子任克雷过来看。电影开映不久，他就从前排座位走到后排，找到任克雷说："这电影没啥意思，咱们出去走走吧。"父子俩走到湖边，春寒料峭中的湖面结着薄冰，一阵阵冷风刮来令人难受。任仲夷声音低沉说："最近，有中央领导对广东的工作不满意，我的工作有可能会被调动，你也要有个心理准备。"

其实，任克雷对这事也有预感。10多天前，他给国家进出口委副主任江泽民送文件，江泽民直接参与了创办经济特区的决策，一向十分支持广东的改革开放和特区建设，当时叫他坐下，关切地说："近来你父亲的工作压力很大啊！上面对广东的情况议论很多呢。"他回答："是的，有些事情，上面满意了下面就不太满意，下面满意了上面又不太满意。"不过，此刻听到父亲的话，他还是感到一股寒风钻心，不禁打了个冷战。

据任仲夷和时任秘书张岳琦晚年不止一次回忆：次日，胡

1982 年，任仲夷与省长刘田夫就解决广东问题交谈

耀邦让任仲夷再去单独谈一谈，于是他和张岳琦去了。胡耀邦说："对你们这样贯彻，上面认为力度不够。"又说："你是不是向中央政治局作个检讨?"任仲夷说："我们认真执行了中央的方针政策，怎么检讨呀?"胡耀邦用关心的口吻问："仲夷同志，你是否说过提倡投机倒把的话?"任仲夷想了想说："我在一次广东省外经工作会议上谈到蔗糖进出口问题时，曾讲过我们总是在甘蔗丰收、国际糖价下降时出口糖，而在甘蔗歉收、糖价升高时进口糖，很吃亏。应该反过来，争取低进高出。国内是不许投机倒把的，但在对外贸易中，应当学会'投机倒把'，学会赚洋钱。那也是带点幽默的说法。"胡耀邦听了哈哈一笑：

"原来如此!"接着又说:"总之你们要好好想想,写个检讨。"他做了一个两手摊开的姿势说:"我和紫阳都检讨了啊!"

任仲夷回到住处,由他出思路,由张岳琦执笔,连夜起草了一份检讨。大意是:我们在工作中对如何打开改革开放的局面,如何更好地引进外资、引进项目,考虑得多,而对改革开放中可能出现的问题考虑得少,一些问题直到出现了才发现、才解决,见事迟。

翌日早上,这份检讨先征求刘田夫的意见,然后呈送胡耀邦。胡耀邦认真看了两遍,说可以了,便把检讨收去。任仲夷的检讨上交后,邓小平、胡耀邦等中央常委都不同意处分他,他才得以逃过一劫。

这份检讨是由张岳琦用钢笔写的,当时没有留底。任仲夷多次说,这是他一生中唯一向中央写的一份检讨,要找回一份复印件留存,但直到临终都未能如愿。

二十四、"三个坚定不移"保住
广东改革开放大局

任仲夷承受来自各方面的巨大压力。中央及有关部门将下放给广东的外贸进出口权收了回去。内地一些省市也把广东运往各地的许多物资当作走私物品扣压冻结。广东的供销人员到外省市进行业务活动受到冷落,有的还被当作走私分子看待,轻者搜去证件,重者无理扣押。有些省市明确表示不准供销人员去广东做生意。广东的城市一下子由门庭若市变为冷冷清清。这时有人私下劝任仲夷:"都什么时候啦,你还讲改革开放,最近北京的报刊都不讲啦。"任仲夷却说:"中央也没有不让讲啊。"

任仲夷面对的难题是如何向全省传达贯彻中央关于两省座谈会精神。如果把会上实况全部传达下去,势必严重打击广东干部群众改革开放的热情。会上明确指示要查处一批干部,但他坚信广东的干部除极个别外,绝大多数是清白的。有的中央领导建议,要对存在问题进行大辩论以统一认识。他认为不能这样搞,一搞大辩论,就会出偏差,弄不好就像过去政治运动

广州珠岛宾馆大门。1982年3月20日至4月3日，广东省委在这里召开省三级干部会议，传达贯彻中央两省座谈会精神

一样，上纲上线，乱抓辫子，乱扣帽子。

回广东前，任仲夷问胡耀邦："这次会议没有一个传达提纲，回去往下传达时不可能讲这么多，特别是有些话不宜往下传达。譬如'这是资产阶级又一次向我们的猖狂进攻''宁可让业务上受损失，也要把这场斗争进行到底'等。现在，就在珠海码头附近，'文革'中的'千万不要忘记阶级斗争'的大字标语还未刷掉，澳门那边看得清清楚楚。如果我们这次又提出这一个口号，恐怕更会引起港澳和海外的疑虑，也会引起内地的人怀疑我们的政策变了。"

胡耀邦回答得很干脆："哪些话可以传达，哪些话不可以传达，由你自己定。"任仲夷经过慎重考虑，决定运用胡耀邦给的"尚方宝剑"，对那些不利于广东改革开放，不利于执行特殊政策，甚至容易引起党内外思想混乱的话，一概不往下传达。

任仲夷、刘田夫回到广州后，于2月22日向省委常委传

广州珠岛宾馆荷花池亭对面是传达贯彻中央两省座谈会精神的省三级干部会议会址，会前没人欣赏外面的优雅美景，而是人心惶惶

达了中央常委的指示，并用4天半时间召开常委生活会，讲清个人问题，开展批评与自我批评。2月26日向省直厅局以上干部和地市县部分负责人作了传达。3月20日至4月3日一连15天召开省地（市）县三级干部会议。会前，许多人认为这是个杀气腾腾的会，不少县委书记准备做检讨、挨批评、受审查，甚至有人连行李都带来了，做回不去的打算，一时间人心惶惶。

4月1日，任仲夷在广州珠岛宾馆礼堂作了省三级干部会议的总结讲话。在全场凝重气氛中，他开场说："这次会议，不是一次杀气腾腾的会，而是一次热气腾腾的会。"这句开场白出乎所有人的预料，台下鸦雀无声。

他在长达一个多小时的讲话中，讲了要清醒和正确地认识经济犯罪问题的严重性和原因，不能把经济犯罪活动猖獗归咎于改革开放政策；讲了打击经济犯罪要严格掌握政策，做到不搞大轰大嗡，不搞人人过关，不搞群众运动；讲了对经济工作中的混乱现象要严格整顿，继续管严，但要注意结合实际，坚持搞活经济的方向；讲了要正确看待外商，决不能把他们都看成是腐蚀者和危险分子，华侨和港澳同胞大多数是爱国爱家乡的，是遵守我国法律、做正当生意的。

任仲夷走进珠岛宾馆中心大楼礼堂准备开始作会议总结讲话时，脸上不是带杀气而是充满信心的笑容

任仲夷还讲到三方面内容，给所有人留下极为深刻的印象：

一是强调中央让广东实行先走一步的决策是正确的。既要清醒认识经济犯罪活动的严重性和危害性，也要清醒看到执行特殊政策和灵活措施的巨大成就。不认清前者并予以严厉打击和制止，改革开放就不能健康前进；不认清后者，就会惊慌失措，迷

省三级干部会议结束后，任仲夷（左三）到海丰县海边视察并部署打击走私贩私斗争

失前进方向。前者只是支流，后者才是主流，不能错把支流当主流。

二是提出"两个坚定不移"："打击经济犯罪活动坚定不移，对外开放和对内搞活经济坚定不移"。会后，他又提出"执行让人民群众富裕起来的政策坚定不移"，加在一起是"三个坚定不移"的方针。他在会上重提了"对外更加开放，对内更加放宽，对下更加放权"的"三个更放"方针。还提出为避免"一治就乱""一管就死"的恶性循环，对过去提的"对外开放，对内搞活，越活越管，越管越活"16字方针，改为"对外开放，对内搞活，思想先行，管要跟上，越活越管，越管越活"
的24字方针。

三是主动承担责任，保护大批干部。他诚恳地说："全省
广大干部和群众，这几年勤勤恳恳，努力奋斗，为国家建设和
改变广东的面貌，作出了贡献。缺点错误，主要在省委。""在
省委里面，又主要应当由我对这些问题负责。""不能因为有些
问题在我来之前就存在或以前决定的，就减少我的责任。"

他在讲话结束时，动情地勉励大家："省委要求各级领导

任仲夷（二排左五）在海丰县红场与当地干部合影，勉励他们发扬
彭湃烈士和海丰人民的光荣传统，把改革开放和建设事业搞得更好

1983 年 8 月 15 日，任仲夷在全省"严打"动员大会上作动员报告

干部振奋精神，努力工作。凡是过去省委、省政府决定和指示过的事情，错了由省委、省政府负责，下边执行者没有责任。只要不搞各种违法乱纪和犯罪活动，工作上还是允许犯错误，允许改正错误。对干劲足、闯劲大的干部应予鼓励。工作成绩显著的干部，党组织会作出公正的评价。任何消极、畏难情绪，都是不对的。每个干部都要积极努力，大胆工作，争取作出更大成绩。"

任仲夷这一番肺腑之言，使所有人深受感动。大家报以长时间的热烈掌声，不少人流出激动的泪水。一位县委书记百感交集："原以为是一个杀气腾腾的会，想不到竟开成一个热气腾腾的会!"

事后,任仲夷对到广东检查工作的副总理谷牧说,我这次向下传达,把主旨由杀气腾腾的"杀"字改为"热"字。一字之改,就开成了热气腾腾的动员会了。

任仲夷又给全省采购员写了一封公开信,肯定了他们在发展商品经济中所起的巨大积极作用,因为他们是在为广东也是为国家跑市场中受到冲击的,叫他们不怕困难做好工作。这封信像春风般温暖了广大采购员的心。他们热泪盈眶,奔走相告,知道省委理解他们,支持他们,他们一定不负省领导厚望!

章蕴(后排左三)在 20 世纪 60 年代初任全国妇联副主席、党组副书记时与全国妇联干部的合影

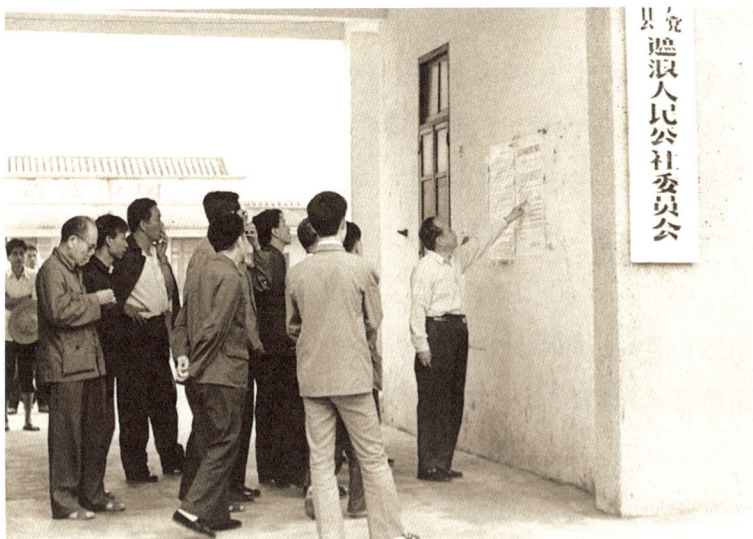

1982 年 5 月，任仲夷（右一）到当时走私贩私比较严重的海丰县遮浪公社视察

任仲夷提出的"三个坚定不移"口号和他勇于担当的人格力量，稳定了广大干部和群众的心，使他们坚信党的政策没有变，因而大大地保护和调动了他们执行改革开放政策的积极性，从而使广东在打击经济犯罪与搞活经济两个方面都取得了显著成绩。这件事深得广东干部群众的称颂，30 多年来一直传为美谈。当时那一批干部说，如果不是任仲夷在重压之下对改革开放一如既往地坚持，广东肯定会是另外一种样子，就没有广东的今天！

这年 12 月，中顾委委员、中纪委原副书记章蕴专程到广东进行了半个多月专题调研，给中央写了调查报告，对广东和任仲夷个人的工作基本是肯定的。邓小平很快就把它批给政治局常委传阅。任仲夷认为，这是小平同志对广东的工作和对他本人的支持。此后，他感觉压力减轻了许多。他后来说："如果没有小平同志的理解和支持，我恐怕过不了关，耀邦、紫阳也帮不了我。"

1983 年 5 月，广东省委、省政府向中央报送关于打击走私贩私等经济犯罪活动的报告。报告说，自 1982 年贯彻中央紧急通知以后，全省共立案查处经济违法犯罪案件 7675 宗，已结案处理 4768 宗，案件共涉及 1.2 万多人，其中党员 5300 多人、国家干部 4800 多人，有力地打击了经济犯罪活动。

这一场风暴算是过去了，广东改革开放的局面得以保住并发展。

二十五、顶住压力为特区正名撑腰

1980年11月23日，任仲夷和梁灵光前往深圳、珠海经济特区。他们首先发现了深圳市领导班子不够协调。任仲夷长期在地方一线工作，深知精兵强将的作用，决定马上对深圳市领导班子进行调整，认为省委书记吴南生在兼任深圳市委书记、市长期间，为深圳特区奠定了基础，调他回省里负责对三个特

1980年11月25日，任仲夷（前右三）、梁灵光（前右一）视察珠海特区

任仲夷（前右三）陪同国务院副总理谷牧（前右二）视察深圳特区

　　1980 年 11 月，任仲夷（左二）、梁灵光（左五）视察汕头特区，陪同有吴南生（左三）、范希贤（左六）

区的指导工作。任仲夷和刘田夫认为调省委常委、广州市委第二书记梁湘出任深圳市第一把手最为合适，经他们反复做工作后，梁湘同意接受重任。任仲夷又从广州等地选调一批专业对口、德才兼备的精锐干部，为深圳特区打造了一个特别能战斗的领导班子。1981年2月，梁湘慷慨赴任，担任深圳市委第一书记。梁湘不负所望，在短短5年多时间就以其胆识和魄力，作出了惊天动地的业绩，深圳特区建设从此上了快车道。

为加快深圳特区发展，任仲夷又提议把深圳列为计划单列市。经广东省委和任仲夷争取，中央1981年10月批准深圳为单列市，升格为副省级市，由副省长梁湘兼任市长和书记。

特区初创阶段，内地不少人的思想转不过弯来，不乏对特区怀疑、非议以至责难。有人说"特区是搞资本主义"；有人说"特区除国旗是红色外，已经没有社会主义的味道了"；还有老干部流泪说："辛辛苦苦几十年，一夜回到解放前。"任仲夷和省委一班人通过各种方式，力辩"特区是租界"之说，理直气壮为特区正名。

在1980年12月18日中央工作会议上，任仲夷充分肯定地说："这几块经济特区，主权完全在我们手里，那里的政府、警察、军队都是我们的，执行我国的法律。这有什么危险呢？没什么危险！有人说，在我国领土上搞特区，和过去的'租界'不是一样吗？应当说有这种担心的人，至少是不了解情况。我们所以搞特区，完全是为了我们自己的利益，而不是为了外国

的利益。进行一些自愿互利的经济合作，是以不损害我国的主
权为前提条件的。为了我们的利益，才给来同我们进行经济合
作的那些人一点利益。"

他列举了大量事实说明搞特区带来的巨变：深圳 1980 年
初到 10 月份所创外汇比 1979 年全年还多 1.7 倍，珠海所创外
汇比 1979 年增长近 1.8 倍。整个珠海市的财政收入 1980 年将
比 1979 年增长 60% 以上。搞特区后，不但经济发展快，而且
群众生活也富裕起来了。他以与香港一街之隔的沙头角公社为

1981 年 2 月 4 日（除夕），广东省委班子成员向中央政法委书记、全
国人大副委员长彭真和全国人大副委员长兼秘书长杨尚昆汇报广东改革
开放情况。正面一排左起：梁灵光、任仲夷、彭真、杨尚昆、刘田夫、李
坚贞、王德

1981 年 4 月 30 日，任仲夷在广州机场送叶剑英回北京

例：全公社现有 1300 多口人。解放以来流到香港 2600 多人，等于两个沙头角人口。前几年每年外流 l20 多人。从 1979 年开始，外流大大减少，到 1980 年不仅没有流走，以前去香港的还又要求回来。大多数社员家庭都盖起漂亮的小洋楼，有人说比我们中央部长和省长住得都好。特区对外更开放后，来来去去的外国人和港澳同胞、华侨很多，但刑事案件反而比较少，治安反而比内地的一些城镇好。

1981 年 5 月 18 日，任仲夷在广东省委常委会上指出："有的同志怀疑办特区是否有损主权，是不是会'香港化'，是不是会变成殖民地？我们要肯定地回答：不会。世界上没有任何

225

1981年4月，任仲夷（前右二）陪同国务院副总理万里（前右三）参观深圳沙头角中方企业。前右一为广东省副省长李建安

1982年6月，任仲夷陪同国务院副总理陈慕华考察深圳特区。图为在罗湖口岸与香港的铁路界标处。左四起：梁湘、陈慕华、吴南生、任仲夷

1982年6月，任仲夷在深圳与出席广东省第一次经济特区学术讨论会的专家亲切握手

一个地方由于办特区而变成殖民地，没有这样的先例。恰巧相反，只有掌握主权才能办特区。办特区是对主权的运用，是行使主权的表现。"

他举出办特区的六大好处：可以更多更方便地引进外资、侨资，引进先进技术和先进设备；可以更好地学习外国在经营管理方面的先进经验，培养一批人才；可以更多地为国家积累四化建设所需要的外汇；可以使特区这个局部地方加速实现现代化；可以为全省以至全国提供现代化建设的借鉴经验；还有一个深远的意义，就是可以稳定港澳人心和促进和平统一台湾。

1982 年春，深圳市政府与外商合资开发土地，出台了相关地方法规。一时间内地舆论哗然，有人骂"姓梁的把国土主权卖给了外国人，是卖国贼！"这时，中央正针对广东开展反走私斗争，深圳市委收到来自中央有关部门下发的白头文件《旧中国租界的由来》。连一向敢说敢干的梁湘，此时也常常紧锁双眉，沉默不语。

就在这寒风凛冽的一个来月里，自己正承受巨大压力的任仲夷接连三次到深圳撑腰打气：第一次是中央发出紧急通知后的 2 月 2 日，第二次是任仲夷参加两省会议后的 2 月 18 日，第三次是任仲夷"二进宫"后的 3 月 6 日。他每次都与市委领导班子全体成员见面，不仅没有批评指责深圳，反而充分肯定深圳的成绩，要求抓紧改革，放宽政策，打击走私决不搞运动，决不扩大化，鼓励大家顶住压力，坚定办好特区的决心。

1982 年，任仲夷陪同国务院副总理薄一波在珠海旅游中心视察

　　任仲夷每次都要与梁湘单独谈话。第三次两人关门谈了 3 个小时，当两人握手告别时，梁湘已如释重负，充满信心，随后带领领导班子更坚决地投入工作。有了任仲夷的力挺，深圳度过了不寻常的 1982 年。1982 年底，一位从北京到深圳考察的理论权威说："特区的经济性质问题，恐怕不能说是社会主义的。特区要按特区的口径，那是区别于社会主义的，不然就不叫特区，……说成是社会主义的，这就不好办了。"任仲夷

　　1984 年 5 月，任仲夷（前右一）陪同南共主席德·马尔科维奇（前右三）率领的南共联盟代表团访问深圳特区渔民新村，前右五为梁湘

　　1984 年 12 月，任仲夷（右二）和王玄（左一）夫妇到机场迎接全国政协主席邓颖超（右一）到深圳视察

在 1983 年 4 月 25 日广东省委常委会议上批驳了这种特区不是社会主义的言论："特区是在我们党和政府领导下办的，决不会丧失主权。搞特区不是走资本主义道路，不会损害社会主义，而是大大地有利于社会主义。"

1983 年 4 月 4 日，任仲夷在广州向谷牧汇报经济特区工作时说："我认为经济特区的特殊政策还是要搞的，特区要坚持办下去。王震副总理在湖南对我说，有的人对搞经济特区有'三怕'，怕香港化，怕洋化，怕资产阶级化！不要认为'香港化'什么都不好，'苏维埃 + 香港有用的东西'，有了这些内容，共产主义运动就更加丰富了！"

谷牧这次考察完回京后向邓小平作了汇报。6 月 25 日，谷牧向广东省委传达了邓小平 6 月 15 日的指示："特区要坚决办下去，不能动摇。现在办得不错，中外承认，不存在抹掉不干的问题。"

此后，深圳人以特有的"深圳速度"，短短几年时间就把深圳从一个偏僻的小渔港变成一座繁华的大都市。美国有评论惊叹深圳是"一夜城"。深圳创造出了许多个"全国第一"：第一个推出工程"招标投标"方案；最早进行"出租土地"；最早"预售商品房"；最早建立劳务市场、原材料市场、生活资料市场、金融市场、科技市场、信息市场、人才市场、期货市场、房地产市场等；创建以共有制为基点的农民集资参股办工业村的农村经济体制"万丰模式"，成为全国第一个实行股份制的农村；诞生第一家外汇调剂中心（外汇市场）；创造深圳国贸大厦 3 天建一层楼的中国建筑史上的新纪录，成为深圳速度的象征；全国率先向社会公开招聘局级干部……深圳的成功，宣告中央创办经济特区的决策是正确的，任仲夷的领导和支持也是得力的。

1983 年 2 月 7 日至 9 日，胡耀邦在任仲夷、尤太忠等陪同下，视察深圳特区后称赞："特区是新事物，同志们搞得不错，敢于创新，是很有成绩的，干部是努力的。""你们已经闯开了一个新局面，比较出色地完成了中央的意图。"1984 年 5 月 23 日至 24 日，胡耀邦在任仲夷、梁灵光等陪同下再次视察深圳特区，即席题词"特事特办，新事新办，立场不变，方法全新"。

深圳市政府门前的大型雕塑《孺子牛》，寓意深圳人改革开拓的精神

1983 年 2 月，任仲夷陪同胡耀邦到深圳渔村视察

1984 年 1 月 29 日，邓小平为珠海经济特区题词

1984 年 1 月 26 日，邓小平欣然为蛇口工业区挥毫写下"海上世界"的题词

1984 年 2 月 1 日，邓小平在广州珠岛宾馆欣然提笔为深圳经济特区题词："深圳的发展和经验证明，我们建立经济特区的政策是正确的。"有意味的是，邓小平刻意把落款日期写成他视察深圳离开之日——"一九八四年一月二十六日"

1984 年 1 月 24 日至 2 月 5 日，邓小平视察了深圳、蛇口、珠海、中山、顺德等地，目睹了广东在改革开放之后发生的巨大变化，高兴地为深圳特区题词"深圳的发展和经验证明，我们建立经济特区的政策是正确的"，为珠海特区题词"珠海经济特区好"。他回到北京后指出："我们建立特区，实行开放政策，有个指导思想要明确，就是不是收，而是放。特区是个窗口，是技术的窗口、管理的窗口、知识的窗口，也是对外政策的窗口。"同年 4 月，根据邓小平的倡议，中央和国务院确定进一步开放天津、上海、大连、广州、宁波、湛江等 14 个沿海港口城市。邓小平在北京会见沿海地区部分城市座谈会与会人员时高兴地说："特区的队伍已经这样大啊！要选明白人当家，这是很重要的一条。"这话也是对广东和任仲夷工作业绩的充分肯定。

后来，一位在中央领导身边工作的知情人这样评价任仲夷："仲夷同志的重大贡献是，在十分不利的情况下，他对改革开放能够坚持，顶着巨大压力，坚定不移，使小平同志来视察的时候有实际成绩可看。如果仲夷同志当时不坚持，自己承受的压力固然会小一些，但后来就没有什么东西可以证明改革开放和创办特区是正确的。他如果退一步，内地就会退得更远。那时持反对意见的人就可以理直气壮地说，我们把错误的东西反对掉了。"

二十六、"放生"袁庚及蛇口工业区

位于深圳西部的蛇口工业区成立于 1979 年 1 月，隶属于国家交通部，是中国经济改革的第一个试验区，交通部招商局常务副董事长袁庚任工业区管委会主任。他有胆有识，敢作敢

1986 年，任仲夷（右三）、梁湘（右四）、袁庚（右五）等人在深圳蛇口工业区畅谈甚欢

为，经过艰苦创业，使这块仅占地 2.14 平方公里的荒芜之地发生了神奇的变化。

袁庚后来回忆说："蛇口曾经有过 10 年的辉煌，创造了一种与外界不同的经济政治环境，成为一方热土。之所以取得这样的成就，最重要的还是由于中央和省的支持。那时候，胡耀邦、万里、谷牧、胡启立、任仲夷、刘田夫他们对蛇口的关心真是没得说。"

蛇口工业区是条条与块块矛盾的焦点。袁庚说，有些单位大权在握，你不照他们的旧框框办，怎么说他们硬是不同意，要卡你的脖子。袁庚为摆脱官僚主义和条条块块的牵制、干预，一再要求中央和省、市授予蛇口更多的自主权。他的要求在任仲夷任内一举解决了。

1981 年 2 月 25 日，袁庚到广州，向广东省、深圳市和交通部的领导汇报蛇口工业区建设的进展情况，提出了当前几个亟须解决的问题。任仲夷在会上明确地表态，蛇口工业区建设是快的，要注意总结蛇口的建设经验。省委一定大力支持，有问题只要省委能办到的一定帮助解决。属于中央解决的，我们共同向中央请示。刘田夫代表省政府支持任仲夷的意见。袁庚听后，一颗悬着的心放下来了。

会议决定，蛇口工业区用于本区生产、建设进口的机械设备、车辆、原材料、半成品、职工生活部分必需品以及出口产品、半成品，均予免税；在工业区内销售的烟、酒给予减

1983 年 2 月，任仲夷陪同胡耀邦在深圳蛇口工业区视察。二排左起：刘田夫、胡耀邦、任仲夷、袁庚

税进口；为方便外商出入蛇口，将工业区用铁丝网围起来，区内对经由香港进出工业区的外商开放；外籍人士的签证不用经过深圳市审批，改由省公安厅派人往工业区办理；企业管理权下放，实行企业独立自主地经营管理；工业区在行政上归深圳市领导；等等。袁庚对会议的成果感到满意，他从内心感谢任仲夷、刘田夫等领导对蛇口的支持。

1984 年 7 月，任仲夷主持召开省委常委会议确定，由省委、省政府批准深圳市委、市政府《关于解决蛇口工业区几个问题的请示报告》，下发中共广东省委 31 号文件。这个文件对于蛇口至关重要，它明确规定了蛇口工业区的 10 大自主权限，

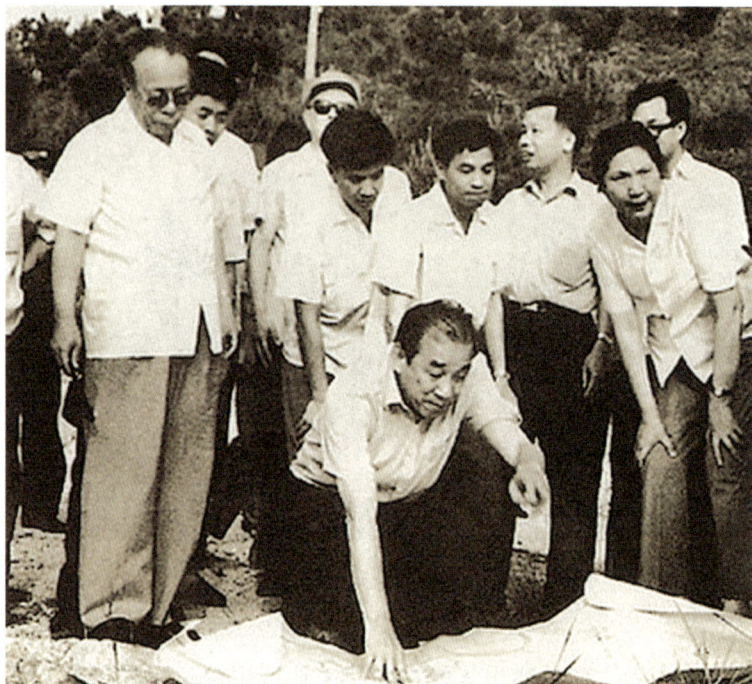

1982年6月，任仲夷（前左一）陪同陈慕华（前右一）考察深圳蛇口工业区。下蹲者为袁庚

其中给了蛇口4项具有政府性质的权力，包括项目审批权、进出口物资审批权、人事权、管理体制改革权等。有了这些自主权，蛇口工业区可以根据企业的需要独立处理许多事情，不需要层层请示，往返周折。任何进来投资的项目，蛇口自己可以批，批了之后，报上备案就行了；进人、干部转户口，蛇口也可以自己批；还可以对管理体制大胆进行改革。另外，蛇口与深圳的地界问题也解决了。

袁庚后来说："31号文件是省委常委开会定的，会议是任仲夷同志主持的。当时谷牧副总理代表中央来参加。就是这个31号文件，解决了我跟梁湘的关系问题，也就是蛇口和深圳市的关系问题，使蛇口真正成为了特区，成为了'改革试管'。"

任仲夷主持下发的省委31号文件，用袁庚自己的话说，是任仲夷"放生"他，"放生"蛇口工业区。袁庚说的"放生"，在粤语中意指"让其活起来"。省委31号文件使蛇口工业区成

1984年1月26日，邓小平在蛇口工业区听取袁庚汇报工作。前左起：梁灵光、袁庚、邓小平、杨尚昆、王震

为中国大陆第一个真正实现政企分离的地方，为我国地方政权的建设探索出一条精干、高效的新路子，大大增强了蛇口吸引外资及发展外贸经济的能力，也为袁庚的体制改革扫清了障碍。蛇口很快便成为袁庚所称的中国"改革试管"，活了起来。

1984 年 1 月，邓小平视察蛇口后高兴地说："深圳的建设速度相当快……深圳的蛇口工业区更快，原因是给了他们一点权力，500 万美元以下的开支可以自己作主。"

深圳特区领导班子调整后，任仲夷觉得由梁湘身兼市委书记和市长，两副担子一肩挑，负担很重，便说服梁湘专管市委工作，市政府工作找别的人来管。任仲夷很赏识袁庚在蛇口大刀阔斧搞改革开放，展示出过人的智慧、胆略以及一种被人称之为"冒险家"的精神。省委经过研究，决定建议提拔袁庚做广东省副省长兼深圳市市长，并上报中央组织部。中组部尊重广东省委的意见，批准袁庚兼任两职。

出乎意料的是，袁庚不愿上任，而是火速赴京，找到中组部部长宋任穷说："我一去，蛇口就会垮的，我自己在蛇口那个地方干几年就要下来了，恳请撤销对我的任职决定。"宋任穷说，这个决定不是我们中央提出的，是省里提议的，你还是回到省里边跟任仲夷谈这个问题。

袁庚马上坐飞机回到省委，找到任仲夷说："蛇口的改革试验刚刚全面启动，我不愿离开蛇口。否则，我在蛇口的一些试验就搞不成了。"任仲夷经过慎重考虑，又与刘田夫等人商

袁庚在蛇口工业区路口竖立起大型标语牌"时间就是金钱，效率就是生命"，当即引发很大争议

袁庚汇报时对邓小平说："不知道这个口号犯不犯忌？我们冒的风险也不知道是否正确？我们不要求小平同志当场表态，只要求允许我们继续实践试验。"一向不轻易表态的邓小平说了两个字："很好。"大家都笑了。于是这个口号很快成为改革开放初期标杆式口号。前左一是杨尚昆，前左四是王震

量后，表示理解并同意袁庚的请求。经过反复向中央解释，中组部最终收回成命，让袁庚如愿以偿。

确实，任仲夷"放生"袁庚，也就"放生"了蛇口工业区。蛇口的改革，为全国提供了许多创新的经验。袁庚提出了"时间就是金钱，效率就是生命"口号，获得了来视察的邓小平的肯定，一度成为改革开放的标杆式口号。袁庚在人才问题上实行"择优招雇聘请制"，试行"干部冻结原有级别，实行聘任制"，对领导干部实行公开的民主选举和信任投票制度，"蛇口模式"开创了新中国人事制度改革的先河。袁庚主持招商局工作 14 年，使其资产从 1.3 亿元增至 200 亿元，翻了近两百倍。

任仲夷晚年称赞袁庚："袁庚这人思想是很开放的。'深圳速度'，首先是来自'蛇口速度'，而后才有建国贸大厦的'深圳速度'。"

二十七、"排污不排外"解 "鱼骨天线"难题

　　任仲夷在经历了 1982 年上半年的两省会议和打击经济领域严重犯罪活动的风暴后，经过深思熟虑，提出了"排污不排外"的著名口号。这个口号一经提出，便成为指导广东坚持对外开放的方针。

　　1982 年 5 月 20 日，任仲夷在接受媒体采访时说："我们不排外，排外是不对的，但是我们要排污。实行开放政策，也带

任仲夷从 1982 年起多次在报刊上提"排污不排外"口号

1981年10月29日，任仲夷率团访问澳门时，与港澳知名爱国人士合影。前排右起：霍英东、何贤、任仲夷、柯正平、王匡。二排右起：曾定石、马万祺、梁湘、李菊生

1981年11月，澳督在澳督府迎接访问澳门的任仲夷

1981 年 4 月 19 日，任仲夷在广州珠岛宾馆宴请澳大利亚总理希尔夫妇

1984 年 10 月—11 月，任仲夷以顾问名义，随以中组部部长乔石（右二）为团长的中共代表团访日。图为任仲夷（右一）与松下电器公司原田明副总经理（右四）握手

来一些新问题。'近水楼台先得月'，但也会先污染。盲目排外是错误的、愚蠢的；自觉排污是必要的、明智的。排污要分清界限，要排真正的污，要作具体分析，要总结经验，吸取教

1988 年 9 月，任仲夷在美国波士顿与著名中国问题专家、哈佛大学教授傅高义会面

任仲夷（右五）考察在建的深圳大亚湾核电站核岛，该核电站从法国引进了先进的压水堆核电机组

任仲夷（右二）陪同谷牧（右一）考察珠江三角洲"三来一补"玩具企业生产流水线。右三是国务院特区办主任何椿霖

珠三角农村房顶上竖起密密麻麻的"鱼骨天线",蔚为壮观

训,统一认识。"

早在 1980 年 12 月 18 日,任仲夷在中央工作会议分组讨论时就说,就像万里同志所讲的,我们要抓大事,不能盯着穿喇叭裤、留长头发这类事,资产阶级的腐蚀主要不在这里,而是少数干部收受贿赂、贪污等歪风。

1990 年 9 月 19 日,任仲夷在接受媒体采访中回顾了这个口号提出的背景:"那时,中央指示开展打击走私贩私和经济领域里的各种违法犯罪活动,当时有一些人对开放政策产生怀疑动摇,在不少干部中产生了各种畏难情绪,顾虑重重。针对这种情况,省委提出了两个坚定不移:打击严重经济犯罪活动坚定不移,对外开放和搞活经济坚定不移。我们绝不应盲目排

外，但要自觉排污，概括地说就是'排污不排外'。那时提出
这个原则，主要是坚持对外开放。""当时排污不排外，是在注
意排污的前提下着重讲不排外。现在，应当在坚持不排外的前
提下，强调排污。必须认识，排污有两个方面，即既要注意来
自外面的污，还要注意生自内部的污。"

　　任仲夷坚持"排污不排外"的方针，使得广东的改革开放
始终没有走偏路，也很好地解决了广东现实生活中的一大难
题——"鱼骨天线"问题。

　　广东对外开放之初，"鱼骨天线"是一个严重的问题。沿
海地区的家庭只需用一根竹竿把带有放大器的鱼骨形天线竖在
楼顶，指向香港方向，就可以直接收看香港电视节目。多姿多

广州番禺市桥北郊新村的"鱼骨天线"犹如竹林密布

彩的香港电视节目远胜于充满枯燥说教的内地电视节目。很快，"鱼骨天线"就像蛛网般布满珠江三角洲的楼顶。

"鱼骨天线"现象引来内地一片声讨。高层某领导公开批评："广东香港化了，变烂了！"有上级领导说："'鱼骨天线'上天，五星红旗就要落地！"有关部门更将此定性为"反动宣传"，必须"坚决打击，依法严惩"，必须坚决拆除"鱼骨天线"。中央三令五申，严禁收看，认为不收看香港电视是抵制"精神污染"，抵制资产阶级思想腐蚀的一项重要措施。

中央领导人一到广东，有关部门就施放干扰信号使珠三角电视屏幕布满"雪花"和"鱼骨"。有人画漫画讽刺："'鱼骨天线'变成'鱼骨电视'。"

广东省委、省政府承受压力下发文件规定干部、党员一律不准收看香港电视，动员教育群众也不收看。有关方面向各地派出工作组，动用消防车逐户强行拆除"鱼骨天线"。当中央领导人莅临广东时，更会启动大功率干扰电台施放强烈的干扰信号，使整个珠三角地区的电视屏幕布满"雪花"和"鱼骨"。

但是老百姓想不通。工作组未进点，消防车刚出动，各家各户就快速撤下"鱼骨天线"，晚上又竖上屋顶。拆拆竖竖，群众怨声载道，情绪激烈。外商反感更大：香港电视不让看，还算什么开放？我们的生意怎么做？信息哪里来？这个问题令省委左右为难。

任仲夷到广东后，马上觉得这样处理十分不妥，长期下去，不仅进一步激化干群矛盾，而且严重影响外资的进入。在调任广东后第二个月的 1980 年 12 月 22 日中央工作会议上，任仲夷一针见血地指出："广东有些地方群众看香港电视问题，管也管不住。之所以这样，主要是我们的电视办得不活，数量少，不太吸引人。每当我们电视台播放精彩节目时，不但我们这边群众爱看，香港那边群众也架上'鱼骨天线'看我们的节目。这说明把我们电视节目办好，才是最重要最积极的办法。"

1983 年 2 月，胡耀邦到广州，住进珠岛宾馆，服务员按照惯例把房间里的香港电视频道全部锁闭。任仲夷发现后，马上吩咐把香港频道打开，所有电视频道全部打印出来，放在电视机旁边。

1983 年 5 月上旬，任仲夷交给省委宣传部副部长张作斌一个特殊的任务。让他带两名助手住进深圳靠近香港的一家旅馆，连续 3 天 3 夜把香港电视所有节目记录下来，写出一份调查报告交给任仲夷。报告分析，香港两家电视台的电视剧和综艺节目是为一般香港市民的口味而设计的，比起刚起步的内地电视节目有较大的吸引力。而知识分子喜欢的是快捷的新闻，尤其是转自 CNN、BBC 的快讯。而我们中央电视台一般不转播，新闻也常迟一天才看到。香港电视低俗无聊的节目时有所见，而黄色和反动的宣传几乎没有。

任仲夷给广东省委宣传部副部长张作斌题词"孺子牛"，寄语干部做任何事都要从广大群众利益出发，做人民的孺子牛

几天之后，任仲夷到省委宣传部召集宣传文化系统负责人开会，主要谈了两个问题：一是不提倡看香港电视，与中央保持一致；二是要千方百计办好自己的广播电视节目，丰富群众的文娱生活。再次重申"排污不排外"，排污是必要的，但决不能因噎废食，笼统地反对一切外来思想文化，不能盲目排外。他只字未提强行拆除"鱼骨天线"和干扰香港频道的问题。

5 月 31 日，他又在省委常委会议上说到看香港电视问题。提出：第一要党员干部带头不看；第二要正面引导群众看我们

任仲夷与黎子流亲切交谈

的电视；第三要进一步办好我们自己的电视，丰富内容，延长播出时间，从技术上改善收看效果。他依然不提拆除"鱼骨天线"和干扰香港频道的问题。

1984 年 5 月 24 日，胡耀邦途经顺德，问顺德县委书记黎子流对看香港电视节目的看法。黎子流直言不讳："内地的电视除了会议还是会议。但香港电视节目生动、活泼，有新闻，还有现场直播，其实也有传播好的思想，对于人民群众接触外来世界，作用不可小视。我们觉得还是按省委书记任仲夷提的'排污不排外'原则办比较好。"

此后，在任仲夷任期内，香港电视再也没有受到强行干扰，"鱼骨天线"也成了南粤大地一道独特的风景，家家户户公开地看。

二十八、欣然应霍英东之邀
赴宴"白天鹅"

广州白天鹅宾馆是广州市的标志性建筑，由香港爱国人士霍英东于 1979 年起开始投资兴建。它创造了许多全国第一：我国第一家外商投资的五星级宾馆，第一家自行设计、自行建设、自行管理的现代大型中外合作酒店，第一家营业第一年就

美丽的广州白天鹅宾馆耸立在白鹅潭北岸

白天鹅宾馆大堂内景"故乡水"

盈利的酒店，第一家在酒店内实行与日本、香港三方合作经营日本餐厅的酒店，第一家四门打开对群众开放的高级酒店，第一家全面实施电脑化管理的酒店，第一家使用信用卡结账及实行八种外汇付款方式的酒店，第一家被"世界一流酒店组织"接纳为其成员的酒店，等等。它被香港媒体称为"广州改革开放的第一扇窗"。

然而，当年建白天鹅宾馆所遇到的阻力，是霍英东所没有想到的。宾馆需要近10万种装修材料和用品，内地几乎要什么没什么。更要命的是，进口任何一点东西，都要去十几个部

广州白天鹅宾馆玉堂春暖宴会厅。1982 年 10 月 14 日，霍英东在宾馆试开业时第一次宴会邀请任仲夷做客就是在这里举行

1982 年 10 月 14 日，任仲夷带了 100 多人来到白天鹅宾馆参加试开业宴会，让霍英东大喜过望

255

从 1984 年 1 月至 1985 年 2 月，邓小平曾三次光临广州白天鹅宾馆。图为邓小平在白天鹅宾馆与霍英东亲切握手交谈

1984 年 2 月 5 日，任仲夷（右一）在白天鹅宾馆陪同邓小平出席广州地区春节联欢晚会。左二为王震

门盖一大串红章。更烦心的是，白天鹅宾馆的楼顶因战备需要竟然架起了高射炮。霍英东愣住了，放个炮摆在这里，谁还敢在这里睡觉？他只好请叶剑英出面干预，高射炮阵地才撤走。他要求宾馆服务员穿丝袜被人说是有意识形态问题，女迎送员在宾馆门前穿着旗袍迎宾也说是"封资修"，日本餐厅迎送员穿和服更说是"把赶出去的日本鬼子又带进来，你们搞卖国！"霍英东慨叹："搞白天鹅，搞到自己体无完肤！"

为争取宾馆早日营业，霍英东想出了一个压力倒逼转移的方法，决定在1982年10月15日广州秋季交易会开幕前一天宾馆试行部分营业。他决定当天晚上邀请广东省委第一书记任仲夷到宾馆来做客。其实他对任仲夷是否会赴宴心里并无把握，但邀请已发出，怎么样都要做好准备。他找来一个主管吩咐："我已经邀请任仲夷书记来吃饭，无论如何，就算是四菜一汤，也要弄出来。"并从香港的珠城酒楼请了一帮香港饮食专家，准备白天鹅的厨师万一不行就顶上。

任仲夷接到邀请后，有人劝他不要去："你吃一顿饭，人家就会说你与资本家穿连裆裤，是把兄弟。"任仲夷回答："广州和香港不是把兄弟，而是亲兄弟，不仅合穿连裆裤，还同吃一个奶（指同饮珠江水）。"他不仅欣然赴宴，还召集了省、市有关方面负责人100多人前往，一来为霍英东和宾馆开张打气支持，二来让干部们开开眼界，扩展对外搞活的思路。

任仲夷一行来到白天鹅宾馆，把霍英东吓了一跳。他原先以为客人不多，开两三桌就绰绰有余了，谁知竟来了 100 多人，把举行大型宴会的玉堂春暖宴会厅都坐满了。

后来的结果让他喜出望外。客人入座后，端上来的不是简单的四菜一汤，而是 10 多样精心炮制的菜式，而且从两三桌增加到 20 多桌，颇具晚宴规模，都是国内员工在香港饮食专家指导下完成的。霍英东开心极了，激动不已。

霍英东请任仲夷给白天鹅宾馆题词。任仲夷愉快地拿起笔写下："两岸猿声啼不住，轻舟已过万重山。"这两句诗意味深长，不仅表达他对霍英东的赞许和支持，还表达他自己对中国

1999 年 1 月 19 日，任仲夷（右一）与霍英东（右二）乘船到霍英东投资开发的广州南沙开发区考察。右三为梁灵光

白天鹅宾馆的成功，带动大批外资进入内地投资建设高星级宾馆。图为广州中国大酒店 1984 年开业庆典。前左起：胡厥文、谷牧、任仲夷、王光英

和广东改革开放的乐观态度。

接着，霍英东提出白天鹅宾馆要在 1983 年 2 月 6 日全面开业。他又像请任仲夷那样，把请柬广为散发，然后拿着请柬去需要审批的各个部门催办手续，把压力转移到这些机关之上，这一招也顺利成功了。

白天鹅宾馆的成功带动了大批外资进入广州。随后，中国大酒店、花园酒店、东方宾馆等五星级酒店陆续在广州开业，广州在当时全国 5 家五星级宾馆中占了 4 席，拉开了广州酒店业大发展的大幕。

二十九、支持农村专业户承包雇工经营

在广东的多次会议上，任仲夷都要求着重抓好"承包专业化，大力发展农村商品生产，经济服务社会化"这三个环节，要进一步抓好承包专业化，大力发展各种专业户。他在1982年6月18日全省地、市委农业书记会议上说："专业承包的责任制形式，不仅体现了'按劳分配'，而且有利于'各尽所能'，它使个人技术专长得以充分施展。农村里长期被埋没的能人巧匠，有了选择任务、发挥作用的机会，使生产力得到进一步解放。"

陈志雄，肇庆市高要县沙浦公社承包鱼塘大户，他的雇工事件引发了全国大讨论

随着广东农村经济改革的发展，在省委、省政府的支持下，追求致富的农民中涌现出大量各种专业户和经济能人。这时，又引起了允不允许专业户雇工及雇工多少的激烈争论。其焦点与允不允许承包一样，仍是姓"社"还是姓"资"之争。争论中，

陈志雄最多承包鱼塘面积达497亩，雇请固定工5人，临时工1000个工日，成为与芜湖经营"傻子瓜子"的年广久齐名的全国两个经营承包大户之一

广东陈志雄承包鱼塘雇工被指为资本主义经营的典型事件，引发了全国大讨论。

广东省高要县农民陈志雄是个养鱼能手，经营的鱼塘平均每亩产量比生产队高一倍半到两倍。他和妻子从1979年开始承包8亩集体鱼塘。1980年他扩大生产，跨越两个大队，承包141亩鱼塘。夫妻俩干不过来，就雇请固定工一人，临时工400个工日。1981年他继续扩大经营，承包面积达355亩，另有142亩是别人投标转包给他经营的，自身投劳两个，雇请固定工5人，临时工1000个工日。

对陈志雄的承包经营，高要县委和肇庆地委一直采取鼓励和支持的态度。1981年初，肇庆地委办和高要县委办调查组联合采写了《关于陈志雄承包鱼塘三百多亩的情况调查》，认为他的经营使"集体增加了收入，承包者也有所得益"。1981年2月，省委办公厅将调查材料加按语打印上送省委领导参阅。任仲夷和省委常委兼省农委主任杜瑞芝等阅后都予以肯定。任仲夷认为，这种专业承包对发挥社员技术专长、搞好渔业生产、壮大集体经济，都很有好处。他批示，有条件的地方可以试行，有问题再总结改进。

但陈志雄雇工的举动触动了一些人意识形态中最敏感的神经：在社会主义国家，能允许以往被视为剥削的雇工现象存在吗？有人说这是资本主义剥削。陈志雄因此遭到空前的指责，一时间闹得沸沸扬扬。1981年5月29日，《人民日报》二版头条位置发表了题为《一场关于承包鱼塘的争论》的调查报告，并以《怎样看待陈志雄承包

1981年5月15日，《南方日报》发表《胆从识来——访大面积承包鱼塘的社员陈志雄》访谈，引发雇工问题的争论

任仲夷对陈志雄大面积承包的调查报告进行批示，认为有条件的地方可以试行

1981 年 5 月 29 日起，《人民日报》以《一场关于承包鱼塘的争论》调查报告开始，开辟《怎样看待陈志雄承包鱼塘问题》专栏进行长达 3 个月的讨论

鱼塘问题》为总标题，开辟了一个专栏进行讨论。

争论最为激烈的是"雇工算不算剥削"。说是剥削的人认为，1980年中央75号文件明确规定"不准雇工"。陈志雄雇工5人，已不是以个人劳动为基础，而是靠雇佣劳动获利，其资本主义性质非常明显。但很多人认为，陈志雄虽然雇工，但自己也参加劳动和经营，收入是正当的，不算剥削。有专家从马克思《资本论》第一卷中一个算例推出结论："8个人以下就叫作请帮工，8个人以上就叫雇工，8人以下不算剥削。"因此，"七上八下"成了中国当时一条奇怪但实用的划分剥削与否的界线。

《人民日报》历时3个月，总共发表21篇讨论文章，于1981年8月30日以发表题为《进一步解放思想、搞活经济》的文章作为讨论总结。该文认为："陈志雄的收入比其他人高，主要是多劳多得的表现，是无可非议的。"

但事情并未到此了结。1982年1月，在昆明召开的全国农业生产责任制问题讨论会上，印发了广东社科院经济研究所两位与会者专程到陈志雄所在地调查后写出的一份调查报告，强调"陈式承包以雇佣劳动力为基础，脱离集体统一经营，已不属集体经济内部责任制性质，而成为资本主义经营，弊多利少，应予限制""陈志雄的经营方式同旧社会（资本家）实在没有什么差别"。

1月17日，一位新华社记者以这份报告为根据写成《广东沙浦公社出现一批雇佣劳动基础的承包大户》一文，刊登在内参上，引起中央领导重视。胡耀邦当天作了批示："请润生同志注意并提醒广东省委。"两天后，中央农村政策研究室主任兼国家农委副主任杜润生批示给广东："瑞芝并仲夷同志，此事请酌处。"一个是请"注意并提醒"，一个是"请酌处"，这种温和、商量的语气，有利于下面实事求是地对待问题。但中央高层内部有声音强烈指责。

任仲夷通知分管农业的省委常委兼省农委主任杜瑞芝立即组成省农委调查组，再赴陈志雄承包地进行调查。4月22日，省委将调查材料《关于陈志雄承包经营的情况报告》送到国家农委。这份报告通过摆事实、讲道理，首先肯定陈志雄开创了

晚年任仲夷（中）与同一个省委班子的原省委常委兼省农委主任杜瑞芝（左）、原省委常委兼省政法委书记宋志英（右）合影

任仲夷坚定地在广东省推行农村联产承包责任制的改革。图为他1981年到韶关山区贫困县仁化调研农村联产承包问题。右起：仁化县委书记张帼英、任仲夷、韶关地委书记马一品、省委常委兼省委秘书长杨应彬

专业承包先例，对承包双方均带来好处。强调："这种承包方法和经营方式，就其经济效益来说，比原来'吃大锅饭'的集体经营要好，这是发生在特殊的历史条件下产生的效益。"其次，对广东社科院两作者所说的沙浦公社"出现一批以雇佣劳动为基础的承包大户"作了重要更正，说明不存在这种情况。又提出，"对推行专业承包生产责任制中出现的问题""应当从总结经验教训上去解决，并从政策上加以引导和限制，不宜采取通报批评的办法"。

陈志雄的承包得到省委支持，经营一再扩大（后来因面积过大经营不善而效益不佳）。

广东省委和省农委等单位还召开一个大型的农村雇工问题研讨会，就农村雇工的利弊及产生原因、两种社会制度下雇工的异同、当今雇工的对策等问题，进行广泛讨论。大家认为雇工现象的出现，是与我国处于社会主义初级阶段的生产力水平相适应的。它有利于扩大再生产，利大于弊，应因势利导，兴利除弊，不应用行政手段强行制止。这次会议纪要及主要论文在北京报刊发表后，在全国产生了积极的影响。由于任仲夷等领导对承包大户雇工态度鲜明，不仅没有制止反而给予肯定和鼓励，使农村承包专业大户如雨后春笋般发展起来。

任仲夷多次对农村专业户作出高度评价。他在 1984 年 9 月 26 日举行的广东省优秀专业户表彰大会上说："专业户是农民共同富裕起来的先行者，是农村先进生产力的代表，是农村经济改革的积极分子，是社会主义新型的农民。""专业户是农村发展中的新事物，各级党委和政府要珍惜爱护，积极支持。各部门、各行各业都要支持专业户。"

1984 年 10 月 22 日，邓小平明确指出："前些时候那个雇工问题，相当震动呀，大家担心得不得了。我的意见是放两年再看。那个能影响到我们的大局吗？如果你一动，群众就说政策变了，人心就不安了。你解决了一个'傻子瓜子'，会牵动人心不安，没有益处。让'傻子瓜子'经营一段，怕什么？伤

1982年5月27日，任仲夷（右一）与刘田夫（右二）到肇庆地区怀集县农村了解当地水灾灾情及专业户承包雇工情况。左一为省委书记兼肇庆地委书记郭荣昌

害了社会主义吗?"

任仲夷和广东省委为专业户雇工政策撕开一道很小但影响日后个体私营企业命运的口子，让他们有一个生存和发展的空间。截至任仲夷离开广东领导岗位的1985年，珠江三角洲地区个体私营企业雇工已经超过500万人，连同"三资"企业的数百万打工仔一起，掀起了声势浩大的第一轮中国民工潮。从那时起到今天，广东一直是外来农民工最多的省份，约占全国三成。他们带来了活力，带来了新发展模式。

三十、广东成为全国改革开放"排头兵"

1981—1985 年，任仲夷主政广东期间，广东省委坚决、正确地执行了中央给予的特殊政策和灵活措施，在全国先走一步，全省发生了天翻地覆的巨变，创造了许多个"全国第一"的奇迹。

广东提前一年完成"六五"计划指标，工农业总产值 5 年

漫画——《任仲夷：崎岖任我行》

1997 年 2 月 7 日，任仲夷到深圳看望休养的习仲勋，两位改革者亲切握手

平均每年递增 13.7%，国民收入 5 年平均每年递增 11.7%，超过以往任何时期，长期落后的经济总量跃居全国前 3 名，3 年后更跃居全国首位，占全国的八分之一。

1992 年 1 月，邓小平在视察深圳、珠海等地时希望广东发展快一点，用 20 年率先赶上亚洲"四小龙"。在中央领导下，广东乘着习仲勋、任仲夷等改革先驱所启动的快车，GDP 总量在 1998 年超过新加坡，2003 年超过香港，2007 年超过台湾，2005 年 GDP 增量超过韩国，2012 年 GDP 总量直逼韩国，2013

年 GDP 总量与韩国相当，预计 2014 年 GDP 总量可超过韩国。

　　广东率先在全国进行价格"闯关"和农产品产销体制改革。任仲夷刚到任时，老百姓日常生活还用 46 种票证，连买肥皂、香烟、火柴也要凭票。任仲夷经过调查后，决定按照先农副产品后工业产品，先消费品后生产资料的顺序，在全国率先进行购销体制改革。1980 年 11 月他一到任，广东就决定蔗糖生产和收购以落实超基数吨糖、吨粮政策，鼓励多生产蔗糖。同年 12 月，决定改革粮食工作体制，粮油购销调拨包干。1981—1983 年，广州市率先陆续放开蔬菜、塘鱼、水果等农副产品价格，几经曲折取得明显成效，在全国反响很大。1983 年，广东的农副产品物价几乎全部放开。只用 3 年时间，广州空荡荡的商店货架忽然之间琳琅满目，市场活跃起来，广州顿时成为全国的购物天堂。1984 年，深圳特区在全国率先放开粮食经营，取消粮油统购统销，全面实行议价议

1982 年，任仲夷与省长刘田夫这对亲密战友在肇庆市封开县大斑石前合影

销、敞开供应。1985 年，全省取消基地塘鱼和生猪现行派购政策。广东的价格"闯关"成功，为全国的物价改革和农产品市场体制建立创造了经验。

广东率先在全国实行财政体制改革。从 1981 年起实行新财政管理体制，除广州、深圳、珠海和海南外，在市、县地方财政实行"划分收支，分级包干，责权结合"。这种分灶吃饭的财政分级包干办法使地方有较大的自主权，调动了各级地方政府当家理财、增收节支的积极性，促进了生产力的发展。

广东在全国第一个实行工程招标承包制。1981 年 1 月，深圳率先进行建筑工程施工的重大改革，由第一冶金建筑公

任仲夷（右三）与深圳市委书记兼市长梁湘（右二）、珠海市委书记兼市长梁广大（右四）、珠海市委副书记黄静（右一）等特区领导欢聚一堂

1984 年 2 月,
任仲夷陪同邓小平
出席广州军民春节
联欢晚会

1999 年 2 月
19 日大年初四,
任仲夷夫妇到深
圳看望习仲勋夫
妇。左起:王玄、
任仲夷、习仲勋、
齐心

司中标深圳国际商业大厦项目，工程造价节省 22%，工期由 2年缩短为 1 年。

广东在全国最早以"借鸡生蛋"改革投资建设体制。任仲夷认为，单靠财政拨款搞建设不可行，必须发动社会各方面参与投资，提出"谁投资谁受益"原则。在这个思想指导下，广东开创"以路养路""以桥养桥""以电养电""以港养港"等办法集资搞建设，基本解决了广东长期交通不便的重大瓶颈。短短几年，全省各种来源的公路投资便达百亿元，新建改建公路 5000 公里左右，高级路面也上了 5000 公里，新建公路桥梁 1000 多座，一、二级公路从无到上千公里，并有了高速公路。几年内广东建成几百个码头、几十个万吨级深水泊位，港口口岸货物吞吐量迅速上升亿吨，占全国两成。外贸口岸进出口总额占全国近半，超过秦皇岛、烟台、青岛、天津、上海、宁波、厦门等 20 多个港口的总和。广东铁路在全国率先通过自办公司、发行债券、银行贷款等方式，几年间建成衡广铁路复线、广深铁路复线、三茂铁路、广梅汕铁路并连接到福建。1984 年 1 月，全国铁路系统第一个独立的经济实体——广深铁路公司成立，从此突破传统建制模式，实行自主经营、自负盈亏、自我改造、自我全面发展的经济承包的管理体制。

广东在全国第一次举办全国性书市。1981 年 6 月，举办第一届羊城书市，全国各地 103 家出版社 1 万多种图书参加展出。

1983 年 2 月，任仲夷与胡耀邦在广州

广东在全国首次接受境外捐资办大学。1981 年 8 月，广东接受由香港李嘉诚先生捐资创办汕头大学，于 1990 年 2 月落成。

广东经济特区在全国立法先行。1981 年 12 月，广东省人大常委会依据全国人大常委会的授权，公布了广东省经济特区四项单列法规，即《广东省经济特区入境、出境人员管理暂行规定》《广东省经济特区企业劳动工资管理暂行规定》等。

广东在全国率先实行土地使用制度改革。1981 年 12 月，《深圳经济特区土地管理暂行规定》开始执行国有土地有偿使

2004 年 2 月，江泽民同志亲切看望任仲夷

用制度，对外商征收土地使用费。

　　广东在全国率先启动农村工业化的进程。从 1979 年开始，广东引进"三来一补"企业。1981 年珠江三角洲大量发展外资企业、乡镇企业、民营企业，到 1985 年形成了广东"四小虎"发展模式："东莞模式"以吸引外资为主要手段，以加工贸易为突破口，以外向型经济为导向；"顺德模式"和"中山模式"着重发展乡镇企业，经改制后逐渐以本地民营资本为主导地位；"南海模式"是"国营、集体、个体经济一起上"，县、公社、大队、生产队、个体、联合体企业"六个轮子一起转"。

任仲夷（右三）与江泽民（左二）、李鹏（左一）、李瑞环（右二）、刘华清（右一）等中央领导同志在党的十五大主席台上合影

2003 年 4 月，胡锦涛总书记在广东视察工作时到任仲夷家中看望

2002 年，全国政协主席李瑞环到广州看望任仲夷

　　2002 年 5 月，任仲夷在中共广东省第九次代表大会上与李长春同志在一起

2004 年 9 月，任仲夷与张德江同志在中共广东省九届五次全会上

1998 年，任仲夷与王岐山同志在广东省人大会议上

1998 年 5 月 22 日，任仲夷与张高丽同志交谈

这些各具特色的县域经济发展模式，在农村迅速实现了工业化的产业革命，把世界上最广大的农村劳动人口吸纳到国家工业化、现代化、城镇化的轨道。社会学家费孝通把它们概称为"珠江模式"，与"苏南模式""温州模式"合称为中国改革开放早期农村工业化进程的三大成功典范。

1982 年初，广东率先出现中国第一代打工仔、打工妹，成为全国打工首选地区和外来工最密集地区，引领了中国第一波农民工浪潮。

1982 年 1 月，全国引进到内地的第一家外资银行营业性机构——南洋商业银行深圳分行开始营业。

全国第一张股份制企业股票在广东公开发行。1983 年 7 月 8 日，新中国历史上第一张股份制企业股票由深圳市宝安县联合投资公司向社会公开发行，催生了内地第一个股份制企业深宝安。

1983 年 1 月，广东省人事部门率先成立全国首家人才流动服务机构。11 月，省引进国外人才领导小组及办公室成立。

在全国率先推行劳动合同制。1983 年 3 月，广东省政府批准新招收职工推行劳动合同制，从而在政策上打破了用工制度上的终身雇员制这一"铁饭碗"，并在同年 6 月率先建立劳

1994 年 3 月 3 日，任仲夷（右二）与杨尚昆（右三）、谢非（右一）在广州

动合同制职工退休养老保险制度。

全国第一家律师事务所成立。1983 年 7 月，全国第一家以律师事务所命名的律师工作机构——深圳市蛇口工业区律师事务所挂牌成立。

全国第一座四层双环形互通式立体交叉桥建成。1983 年 12 月，广州区庄立交桥交付使用，获 1985 年国家建设部科技进步一等奖。建设期间任仲夷多次亲临现场视察并作指示。

1983 年，广东在全国第一次以地方政府名义向民航投入巨额贷款，打破以往飞机靠民航局统一购买调拨的做法。

在全国首先打破统一标准的工资模式。1984 年 8 月，广东省政府批准深圳国家机关、事业单位工资制度改革方案，深圳特区工资结构改革为基本工资、职务工资、工龄工资三部分。

全国最先进、传输容量最大的穗深珠广播电视专用微波双向传输线路，于 1984 年 8 月在珠江三角洲建成投入使用。

全国第一个省级教育广播电台——广东省教育电台于 1984 年 9 月正式开播。

全国第一支企业与体委合办的运动队——广州足球队，于 1984 年 10 月由广州白云山制药厂与广州市体委签约合办（又称"广州白云足球队"）。

在全国最早建立政务集中机构。1985 年 1 月，在广州东方宾馆成立专门办理外经贸事务的机构，简称"外经贸一条街",有外经贸、工商、税务、行政、劳动、银行、法律、保险、海关等有关管理单位集中设办事处,便利外商办理各种手续。

全国第一个统一管理辖区内城乡土地的省级管理机构——广东省国土厅,于1985年6月正式成立。

广东率先建立全国综合改革试点。1985年5月,广州、佛山、江门、湛江进入全国经济体制综合改革试点城市之列。1987年11月,国务院决定广东为综合改革试验区。

1997年9月,任仲夷在党的十五大分组讨论会上与全国政协副主席、原广东省省长叶选平亲切交谈

　　任仲夷主政广东期间所产生的"全国第一"还有不少。这些"全国第一"大大推进了广东的改革和发展，也为全国的改革和发展积累了经验，探索了前进道路。广东真正做到了改革先行一步，成为全国改革开放的"排头兵"。这期间广东发生的一切，已将"任仲夷"三个字深深嵌入了中国改革开放史。

三十一、廉洁从政不搞特殊关照

　　任仲夷始终怀揣人民至上的价值观，总在考虑人民群众如何在经济上更快地富裕起来，在政治上更好地当家作主、拥有更多的民主权利，在文化生活上更自由地享受丰富多彩的精神文明成果。他从政70年，从不居功自傲，从不考虑个人利益

1973年，任仲夷、王玄夫妇在黑龙江省镜泊湖

1978年，任仲夷、王玄在沈阳

得失，从不为自己的待遇向组织提要求，即使对制度内的待遇也一让再让，坚守克己奉公。

任仲夷在广州住的那所房子，一直是历届省委负责人居住的，几十年来一直这么住着，谁也没提出过改动。任仲夷调到广东后，了解到省委机关住房比较紧张。尽管自己祖孙三代同住在一起也不算宽敞，但在1985年临退下省委第一书记职务前，主动要求把房子和院子改动一下，让出一半来。省委机关管房子的干部劝他不必改了，机关可以另想办法解决。但他一再坚持，房子还是被隔成两套住宅，他只住其中一套，另一套让了出去。

机关管房子的干部感慨地说："一般来说，随着职务的提升，领导的住房都是越住越大，只有任书记住的房子越来越小，特别是在退下来之前，不但不多要房子，还主动退房子，真让人敬佩！"1988年，国家主席杨尚昆到广州来，没打招呼就去了他家看望。杨尚昆同志以前也住过这所房子，发现房子变小了，一问内情，很是赞叹他的行为。

任仲夷从不运用手中权力去关照自己的家人和亲属，这方面堪称"六亲不认"。他的老伴王玄，与他同是"一二·九"时期参加革命的老干部，资历与他相当，早在 1952 年就担任了原松江省委组织部副部长兼省人事厅副厅长。她 1972 年任哈尔滨革委会副主任（相当于副市长），市委根据她的能力、经验、业绩和资历，提议她进入市委常委班子。任仲夷认为廉

1981 年，任仲夷、王玄在广州

1987年秋，任仲夷、王玄夫妇登上天安门城楼

政应从自己配偶做起，要她把位子让给别人，她顾全大局，没进市委常委班子。

1977年春，任仲夷调到辽宁，她也调到沈阳市任副市长，市委又提议她进市委常委班子，任仲夷再次不同意，她又没进常委班子。1980年11月，任仲夷调到广东，北京市委提出调王玄到北京市任副市长，连住房都准备好了。任仲夷希望她调到广州一起工作，王玄为支持他，毅然放弃任北京市副市长，改调到广州任副市长，后者级别比前者低了一级，她无怨无悔。她在广州任职期间，市委又向任仲夷提出让王玄进入市委常委班子，他还是不同意。不久，广东省领导机关需要一名女领导干部，有省委领导提出像王玄那么老资格能力又强的女干部不多，她当之无愧。任仲夷认为，和自己的配偶同在省一级领导机关工作不合适，她应留在二级领导机关广州市政府。他说服省委班子不要提拔王玄。她也表示理解，因而放弃提拔。她到退下来职务都没动，一直还是从哈尔滨带到沈阳、再从沈阳带到广州的副市长一级，她无半句怨言。

任仲夷临终前一再嘱咐儿子们："你们几个要尽心照顾好你们的妈妈。她是一个很坚强的人，又是一个通情达理的人。你们照顾好妈妈，我就放心了。"他所说的"通情达理"，主要指自己一再不同意提拔王玄而她对自己的理解和支持。

也许人们不相信，任仲夷在广东 25 年，不但没有安排过一个亲属到广东工作，就连他的亲妹妹、亲弟弟都没来过广东一趟。

任仲夷是个重亲情的人，与妹妹任玉蓉、弟弟任兰田一向感情很好。2003 年 8 月，他回辽宁，抽空去看望住在

任仲夷弟弟任兰田

289

　　2002 年 5 月，在广州开幕的广东省第九次党代会上有一对父子代表——父亲任仲夷，儿子任克雷。任克雷当选为党代表，并非因他是任仲夷的儿子，而是因为他在深圳的工作有优异的表现

辽宁盖州县熊岳镇的弟弟。兰田是个退休农艺师，了解他"六亲不认"的品格，从不求他办私事，没沾过这位曾在自己身边任辽宁省委第一书记的哥哥一点光。一家四世同堂挤住在一个60平方米左右的房子里，大家坐下来转身都有点困难。哥俩见面这天，任仲夷说："兰田，我到广东二十几年了，你都没去过广东呢。等明年春暖花开的时候，我请你和弟媳到广东玩，咱哥俩在广东好好聚聚吧。"兰田满心欢喜地答应了。

到中午饭时间，他请弟弟吃饭，但规定参加者只限兰田、弟媳和他们的儿子这一代，再往下的就留在家里吃。秘书劝他还是请弟弟全家都去，他却较真说："那怎么行！我请家里那么多人拖儿带女去吃饭，不光影响不好，还会给组织上添麻烦。"

1980年，任仲夷与儿子任克宁到河北邢台看望妹妹任玉蓉

291

1986 年秋，任仲夷到邢台市与妹妹见面

第二年春暖花开，他没有忘记老哥俩的约定，请兰田到广东，但兰田的老伴身体不好，没能成行。秋天，他再请兰田到广东，又遇上兰田生病不能远行。第三年，他自己也住医院，直至去世，这个兄弟之约永远不能兑现了！

任仲夷很喜欢妹妹，小时候随父亲回家乡时，常常晚上拉着玉蓉的手坐在打麦场的麦垛上，一边看月亮，一边给妹妹讲故事，充满温馨的亲情。他于 1980 年调任广东前，抽空到

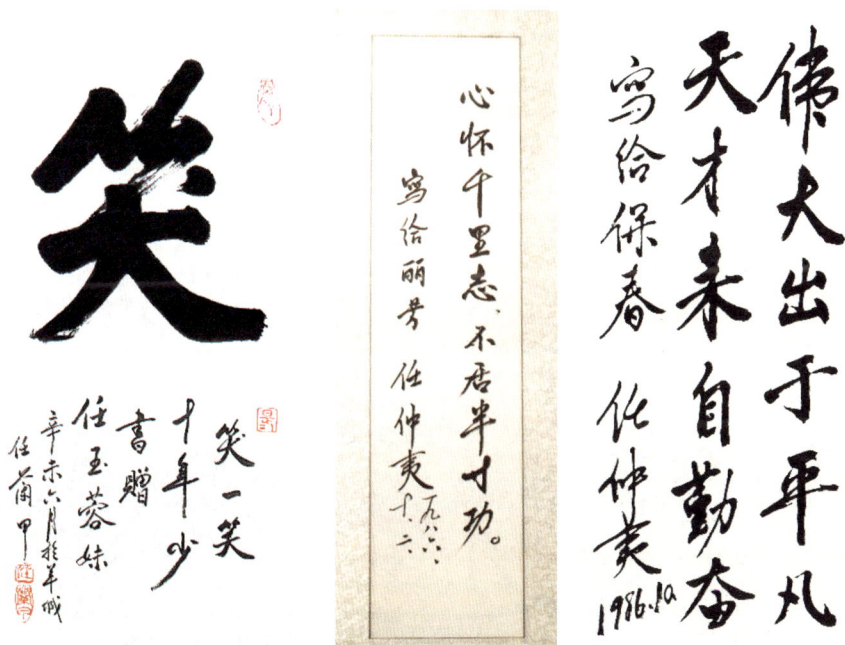

左图：任仲夷为妹妹任玉蓉的题词
中图：任仲夷为外甥女罗丽芳的题词
右图：任仲夷为外甥女罗保春的题词

邢台看望阔别 35 年的妹妹，此后又回邢台 5 次。当他的外甥、外甥女们的同事、同学听说他们有这么个当大官的舅舅后都说："你们兄妹几人有这么好的关系不利用是傻，怎么不叫舅舅在上边为你们说句话呢？"他们的母亲总是回答："不要找你舅舅，他的脾气我知道，找他也没用，别给你舅舅找麻烦。"

任仲夷每次回邢台都对外甥、外甥女说："你们要管好自己，把工作做好，不要期望沾我的光，我的权力是党和人民赋予的，我无权为自己的亲属办私事，谋私利。我和你们父亲都是从战争年代过来的，我们那时是把头掖在腰里干革命，谁都不知道哪一天会牺牲，那时谁想过向组织要什么条件和待遇呢？所以，你们不要有什么想法。"

1988 年，任仲夷、王玄夫妇及儿子任克宁与张岳琦、雷宇夫妇在一起

2004年9月，任仲夷身边工作人员为他90大寿祝寿

1987年春节期间，任仲夷、王玄夫妇与儿子、儿媳及孙子、孙女在珠海拱北拍的全家福

任仲夷夫妇和大孙子任歌夫妇以及重孙在一起

1998年8月，任仲夷在云南丽江玉龙雪山脚下采撷了一束野花献给相伴终生的爱人王玄

2004 年国庆节期间他回邢台，此时玉蓉已去世 9 年。他又对外甥、外甥女说：工作这么多年，亲戚的事我从来没管过，以至有些外面的和家里的人都说我"六亲不认"。"我就是六亲不认，我无权为你们办什么私事，抱怨也没用，不管他是谁，就是我的儿子也不行。"

任仲夷去世后，他的外甥女罗丽芳在纪念他的文章中动情地写道："正是他的'六亲不认'成就了他不徇私情、清正

国画《风雨木棉红》（作者：孙戈）

廉洁的高风亮节。'六亲不认'的同时，他为家乡捐款 10 万元，用以筹建希望小学，能让娃娃们好好念书。'六亲不认'的同时，他几十年如一日，为党的事业呕心沥血，鞠躬尽瘁，死而后已。舅舅不是'六亲不认'，祖国和人民就是他最亲的亲人。"

1985 年国庆节那天，他去参观大连市老干部活动之家，应邀写下"心怀千里志，不居一寸功"的题词勉励老干部。其实，用这两句话来概括他自己退居二线后的生活乃至他的一生，也是一个很好很准确的写照。

结　语

2005 年 11 月 15 日，任仲夷在广州逝世，享年 92 岁。

任仲夷的去世在社会上引起强烈反响。人们以各种方式表达对他的悼念。海内外媒体对他生平业绩进行持续报道和高度评价。

任仲夷致力改革终其一生，从未放弃，从未沉默。他晚年对政治、经济、文化诸方面的改革仍高度关注，以他深邃的思想、无畏的勇气、犀利的笔锋、睿智的语言，给予不遗余力的支持。他对改革认识深刻中肯，行动坚定一贯，在全党全国堪称突出。

任仲夷晚年说：“我 1983 年 11 月切除了胆，虽然没有了胆，却有点天不怕地不怕，可以说‘浑身是胆’。1993 年 11 月，又把胃切除了五分之四，那时我已年近八旬，觉得动这样的大手术也就‘无所谓（胃）’了，也可以说‘无所畏惧（胃具）’了。”1985 年 1 月，他患脑中风一度失语，但下苦功练说话，仅半年多就使语言功能恢复到八成以上，他笑称自己“向老天爷要回了发言权”。2001 年 11 月，他患了膀胱癌，手术后严格配合医生治疗，疗效明显。他对医生打趣说："祝贺你们把仗打赢了。"他在生命最后几年，右耳失聪，便笑称自己"偏听不偏信"。他右眼接近失明时，又自嘲"一目了然"。生命最后一年双目患了黄斑症，他笑谈自己"目中无人"。他常常笑称："我就是精神不死嘛！"

在任仲夷晚年与病魔作一次又一次顽强搏斗中，组织上和领导始终给予他极大关怀和支持。2005 年 9 月，他确诊得了肺癌，中央办公厅指派中央保健办专家到广州为他治病。出国外访的总书记胡锦涛委托政治局委员、中组部部长贺国强专程到广州看望他，并转达总书记的话："你不仅是广东改革开放的先驱，而且对全国的改革开放也起了很大作用。希望你能战胜病痛。"他听后感到很欣慰，说感谢中央，感谢胡锦涛同志。

1983 年 11 月，任仲夷得了胆囊炎，在北京平生第一次住进医院，由吴蔚然亲自操刀摘掉胆囊。手术期间，中央政治局委员、书记处书记习仲勋一直在医院观察，等到手术成功才松一口气离开。任仲夷病愈后与王玄专程登门向习仲勋致谢，两位改革先驱情谊更浓。2002 年 5 月 24 日任仲夷在广州医院治疗膀胱癌时，惊闻习仲勋逝世的噩耗，心情难过，马上嘱咐儿子任克雷上京吊唁。克雷到了习家大门，齐桥桥把他带进家中灵堂。克雷看到灵堂正中悬挂的习老遗像心里很难受，向遗像深深鞠了三躬，然后握住站在一旁的习近平的手说："我父母亲对习老的去世很难过。我父亲现在住院，父母都无法来，特地让我代他们前来吊唁。我父母经常念叨习老，尤其是 1983 年我父亲割胆囊时，他代表中央在医院守着，直到手术完成。这件事让我们全家非常感动，永远记在心里。习老是重情重义的大好人，祝愿他一路走好！请你们的妈妈和全家都节哀啊！"习近平点了点头，紧紧地握住了任克雷的手。

"精神不死""浑身是胆""无所畏惧""一目了然"，是任仲夷这位改革先驱的真实写照。他的忠心赤胆，他的深刻思想，他的求实风范，他的智慧果敢，他的人格魅力，他的丰功伟绩，留给了人民，留给了后人。

任仲夷生平大事年表

1914 年

9 月 20 日，出生于河北省威县梨园屯镇（梨园屯在 1940 年前属山东省冠县所辖飞地）西小庄一个普通教员家庭。父亲任研佛是山东省中学教师。

1917 年

年初，母亲生下女儿，取名任玉蓉。

1919 年

春，母亲患黑热病去世。

夏，姐姐染上瘟疫夭折。

秋，父亲在家乡续弦，将后妻韩齐眉和儿子带到自己任教的山东省菏泽市。

1920 年

秋，继母生下儿子，取名任兰田。

1921 年

秋，进入天津首屈一指的直隶第一模范小学校（现称天津中营小学）读小学，受天津近代著名教育家刘宝慈校长教诲。

1928 年

秋，进入河北省立第一中学校（现称天津第三中学）读中学，接受天津著名爱国活动家、教育家马千里校长教诲，培养了爱国情怀和远大志向。

1931 年

秋，进入位于天津的河北省立法商学院读书，接受张友渔、杨秀峰、南汉宸等共产党员、著名红色教授教育，开始接触马克思主义学说，并积极参加抗日救亡宣传活动。

1934 年

秋，考进位于北平的中国大学读政治经济学系，接受李达、吴承仕、黄松龄、曹靖华、齐燕铭等一批红色教授教育，系统学习马克思主义理论，从爱国主义者转变为马克思主义者。

1935 年

12 月 9 日，在同系师兄董毓华带领下，参加北平市大中学校学生举行反对成立"冀察政务委员会"请愿游行（即"一二·九"运动发端）。12 月 16 日，参与组织中国大学进步学生参加北平市大中学生第二次抗日示威游行。

1936 年

2 月 21 日，反动军警包围中国大学并冲进校内逮捕 60 多名学生及 1 名教授，任仲夷参加护校行动。是日大雪纷飞，史称"二月雪天"。2 月 24 日，为抗议反动校当局要罢课学生复课，与杨易辰把学校大钟摘下并藏起来。2月28日，经北平政法学院学生李铨介绍，加入中国共产主义青年团，担任中国大学团支部支委。

6月初，由共青团员转为共产党员，担任中国大学党支部组织委员。同月，住进西单太仆寺街德权公寓，结识同住在该公寓的东北流亡女学生王玄，两人后来结为终身伴侣。13日，组织中国大学进步学生参加北平学生举行反对日本向华北增兵的示威游行，大获成功。月末，担任中国大学党支部书记。

12月12日，再次组织中国大学进步学生参加北平学生举行的大规模抗日救国游行示威，指挥得当，组织严密，取得成功。

1937年

6月下旬，担任中共北平市西北区区委书记。

7月7日，卢沟桥事变爆发。7月29日，北平陷落。遵照北平市委指示组织学生党员、民先队员分批撤出北平。

8月10日，与王玄赶赴济南，为大批平津流亡学生接收党员组织关系。

11月中旬，与王玄一起从济南返回北平，为留在北平的党员转接组织关系。两人到北平西单照相馆拍下第一张双人合照，视为婚礼。

12月下旬，与王玄到达西安八路军办事处，准备去延安。

1938 年

1 月，服从组织安排到山西临汾友军晋绥军 66 师政训处任组织科科长，兼任政训处中共党总支组织委员。

5 月，奉命与王玄一起赶赴山东聊城，担任鲁西北聊城政治干部学校政治教官兼中共党总支委员（后兼任中共党总支书记），任教辩证唯物论和政治经济学课程，编写出版《政治经济常识教程》一书。

10 月，兼任鲁西北抗日游击第三纵队司令部秘书长。

11 月 16 日，日军攻陷聊城。11 月 26 日，奉命调往泰西八路军山东纵队六支队担任军政干部学校校长。

1939 年

9 月，奉命调到河北省任冀南行署教育处副处长、冀南党委干部教育处副处长，兼任中共冀南区党委党校校长。

1941 年

3 月，创办冀南行政干部学校并担任校长。

1942 年

3 月，创办冀南政治学校并担任校长。

4 月 29 日，日军 3 万余人分四路向冀南鲁西抗日根据地发动"铁壁合围"。任仲夷、王玄率领行政干校队伍惊险突围。

7 月，任冀南行署教育处处长、党委干部教育处处长，继续主持学校工作。

1943 年

夏，担任冀南五地委常委兼冀南五分区专员。

5 月，任仲夷夫妇经历一次最危险的日寇"铁壁合围"，艰难突围。

11 月，奉命调往中共中央北方局党校学习整风，到太岳地区冀南行署办的整风学校任党总支书记。

1944 年

1 月，调到太行山左权县麻田的北方局党校参加整风学习。不久成为"抢救"对象，遭到"车轮战"式"逼、供、信"迫害。

11 月，分配到北方局新华书店任副总编辑。

1945 年

4 月，结束北方局党校整风学习，还以清白，恢复工作，任中共冀南二地委常委兼冀南二专署专员。

8 月 15 日，日本宣布无条件投降，与冀南军民同庆抗日战争胜利。

9 月 23 日，组织冀南二专署民兵、民工配合太行军区部队和冀南军区部队参战，一举攻克被国民党保安队抢占的邢台城。9 月 25 日，军管会宣告成立中共邢台市委、邢台市政府，市委书记与市长均由任仲夷兼任，他因此成为解放战争以来中共夺取政权的全国最早市长之一。

10 月，遵照上级紧急命令，偕同王玄和儿子奔赴东北参与建立新根据地。

1946 年

1 月，担任抚顺市副市长兼副专员。

3 月下旬，任中共辽南三地委常委兼三专署副专员、专署党组书记。

11 月 1 日，任大连市副市长。

1947 年

11 月，任中共大连市委代书记。

1948 年

1 月，任中共大连市委副书记，市政府党组书记。

7 月，任中共旅大地委委员。

8 月，任中共大连市委委员。

10 月，任关东公署、旅大行政公署秘书长兼党组副书记。

1950 年

4 月，兼任中共旅大区委办公厅主任。

10 月，任中共旅大市委常委兼秘书长。

1951 年

3 月，兼任中共旅大市委青年工作委员会书记、中国新民主主义青年团旅大市委书记。

1952 年

6 月，调到松江省任省委常委兼秘书长。

1953 年

7 月，调到哈尔滨任中共哈尔滨市委第二书记。

1954 年

7 月，任黑龙江省省委委员。

9 月，作为第一届全国人民代表大会代表到北京参加大会。

1955 年

2 月，中央决定哈尔滨市委第二书记任仲夷主持哈尔滨市委全面工作。

3 月，在哈尔滨市政协第一届大会上当选为市政协主席。

1956 年

4 月，在哈尔滨市第一届党代会第一次会议上当选为哈尔滨市委第一书记。

7 月，兼任中共黑龙江省委委员、常委。

9 月，作为中共第八次全国代表大会代表到京参加大会向党和人民报告：哈尔滨在几年内由一个消费城市转变为新兴的重要工业城市。

1957 年

4 月，在哈尔滨市政协第二届大会上再次当选为市政协主席。

8 月下旬至 9 月中旬，亲临一线指挥，与百万军民共同抗击哈尔滨历史上最凶猛的特大洪水，取得彻底胜利。

1958 年

7 月，在哈尔滨市第二届党代会上再次当选为市委第一书记。

9 月，兼任哈尔滨市兵役局第一政委。

1959 年

4 月，作为第二届全国人民代表大会代表到京参加大会。

11 月，在哈尔滨市政协第三届大会上第三次当选为市政协主席。

1960 年

3 月，任中共黑龙江省委委员、常委、候补书记。

9 月，兼任哈尔滨军分区第一政委。

10 月，在哈尔滨市第三届党代会上第三次当选为市委第一书记。

12 月，兼任省委书记处书记、常务书记。

1961 年

7 月，主持创办第一届"哈尔滨之夏"音乐会，此后每年举办一届，除"文革"中断外，持续至今，成为我国延续最久并具有重要影响的音乐节。

1962 年

1 月 11 日—2 月 7 日，参加在京召开的扩大的中央工作会议，即"七千人大会"，对"大跃进"以来工作中的错误有深刻反思。

5月，在哈尔滨市政协第四届大会上第四次当选为市政协主席。

1963年

2月7日，主持创办哈尔滨第一届冰灯游园会，此后每年举办一届，除"文革"中断外，持续至今，成为哈尔滨乃至中国的一张亮丽名片，是世界上形成最早、持续最长、规模最大的大型冰灯艺术展。

1964年

1月，在中共哈尔滨第四届代表大会上第四次当选为市委第一书记，任期至1967年2月。

1965年

8月，兼任哈尔滨市人民武装部第一政委，任期至1968年6月。

1966年

5月16日，"文化大革命"爆发。

8月26日，任仲夷第一次被造反派揪出来批斗。此后三年，被批斗2300多次，但内心坚决反对极左路线。

1967年

1月20日，造反派夺取中共哈尔滨市委权力后，任仲夷被关进"牛棚"。

1970年

秋，被放出"牛棚"，下放到哈尔滨市新风农场"五七"

干校劳动。

1972 年

6 月，恢复工作，任黑龙江省革委会副主任。

7 月，任黑龙江省委常委。

1973 年

4 月，任黑龙江省委常务书记兼省革委会副主任。

8 月，作为中共第十次全国代表大会代表到京参加大会。

1975 年

1 月，作为第四届全国人民代表大会代表到京参加大会。

1976 年

10 月 6 日，中共中央一举粉碎"四人帮"。10 月 12 日，在中共黑龙江省地盟市委负责人会议上发言，深入批判"四人帮"的唯心论、形而上学和历史唯心主义，成为全国最早系统批判"四人帮"的省部级干部之一。

1977 年

2 月 9 日，被中共中央任命为辽宁省委第二书记兼省革委会第一副主任，全面主持辽宁工作。

7 月，在辽宁省委召开的宣传工作会议上讲话明确提到"实践性是马克思主义的哲学辩证唯物论的最显著的特点之一"，是最早对这一观点作比较透彻阐述的地方大员之一。

8 月，作为中共第十一次全国代表大会代表到京参加大会，当选为第十一届中央委员。

1978 年

3 月，作为第五届全国人民代表大会代表到京参加大会。

6 月 30 日，在中共辽宁省委信访工作会议上作《一定要坚持实事求是的根本观点》的讲话。

8 月，在《理论与实践》杂志发表《理论上根本的拨乱反正》一文，系统提出防止"两个凡是"的"三个不要"，坚持实事求是的"四个必须"，在社会上反响强烈，被视为全国最早为真理标准呐喊的省委一把手"三甲"之一。

9 月 4 日，担任中共辽宁省委第一书记兼省革委会主任兼省军区第一政委。

11 月 10 日—12 月 15 日，参加中央工作会议，对"凡是派"观点进行尖锐抨击，并建议中央对"实践是检验真理的唯一标准"问题明确表态。

12 月 18 –22 日，参加具有伟大历史意义的党的十一届三中全会。12 月，在《红旗》杂志发表《解放思想是伟大的历史潮流》一文，在全国影响较大。

1979 年

2 月 17 日，在辽宁省昌图县三级干部会议上发表讲话，号召全省"让一部分人先富起来"。

3 月 31 日，主持辽宁省委为被"四人帮"残酷杀害的张志新召开平反昭雪大会，追认她为革命烈士，号召全省党员和干部向她学习，在全国影响巨大。

8月8日，在营口市召开的农村工作会议上提出"革命的第一个目的是'由奴变主'，第二个目的是'由穷变富'"。

9月20日至10月24日，作为团长率领中国共产党党的工作者友好访问团访问罗马尼亚、南斯拉夫两国。回国后，从吸取他国经验促进我国改革开放角度向中央写报告，中央将此报告转发全党。

11月17日，在中共辽宁省县委书记会议上号召全省开展"敢不敢富、能不能富、会不会富、让不让富"大讨论，在全国反响强烈。

12月6日，在社会主义生产目的讨论会上提出"要更好地理解和运用计划调节和市场调节相结合的原则"，是全国提出"两个调节相结合"原则第一人。

1980年

7月，在全国第一个提出为企业"松绑"口号。

9月，在中央召开的省委第一书记座谈会上支持农村包产到户，成为少数支持这一改革的省委第一书记之一。

10月31日至11月6日，叶剑英、邓小平、李先念、胡耀邦、赵紫阳、万里、韦国清、姚依林、谷牧等中央领导先后接见即将赴任广东的任仲夷和梁灵光。

11月9日，中共中央正式任命任仲夷担任中共广东省委第一书记。11月18日，中共广东省委召开省、市局以上党员干部会议，习仲勋宣读中央任命任仲夷为广东省委第一书记的决定。任仲夷在讲话中提出特殊政策要真特殊，灵活措施要真灵活，先走一步要真先走的"三真"方针。

12月10日，在广东省政协常委会上强调反对三个"特"字：共产党员不能搞特权，不能搞生活特殊化，不能有特殊党员。12月16—25日，参加中央召开讨论经济调整的工作会议，请求中央在强调集中统一和行政干预的同时继续强调搞活经济，继续支持广东执行特殊政策，并阐明搞经济特区不是搞"租界"，不损害我国主权。

1981年

1月，在广东提出三个"统一"方针：把调整和实行特殊政策统一起来，把"集中"和"搞活"统一起来，把"退够"和"前进"统一起来。在广东明确表态支持农村包产到户、包干到户，为广东"包"字之争打上句号。

1月，兼任广东省军区第一政委。

2月，调整深圳特区领导班子，委任梁湘为深圳市委第一书记兼市长。2月25日，对袁庚表态省委大力支持蛇口工业区建设，决定给予蛇口工业区多项优惠政策。

3月，接见华南师范学院硕士研究生郑炎潮，支持其"私营经济"的论述，并决定给雇工的个体经济正式命名"私营经济"，制定专门政策，此后广东私营经济异军突起。

5月，在国务院召开的广东、福建两省会议上提出总揽广东全局的"三个更放"：对外更加开放，对内更加放宽，对下更加放权。

6月6日，在全省工交工作会议上强调，工交体制改革实行一个"下放"和两个"结合"：下放权力；计划调节和市场调节结合、经济手段与行政干预结合，并把农村承包的成功经验引入工业和商业。

8月18日，在广州接见青年个体户代表，点名要求媒体宣传报道广州开小食店的容志仁。容志仁因此出名，成为全国第一个当市级人大代表的个体户，个体创业自此在广东蓬勃发展。

10月，争取中央批准深圳成为单列市，升格为副省级市，大大推进深圳特区建设。27日，率团访问香港，会见香港总督及各界人士。29日起，率团访问澳门，会见澳门总督及各界人士。

1982 年

1月11日，要求全省迅速贯彻中央紧急通知精神，坚决打击走私贩私、投机倒把、贪污受贿等经济犯罪活动。20日，单独向到广东休假的邓小平汇报广东和特区工作情况，邓小平听后说："这说明中央确定的政策是正确的，如果你们认为好，就坚持搞下去。"

2月11—13日，任仲夷带领广东党政班子参加中央召开广东、福建两省座谈会研究打击走私贩私问题，在会上承受巨大压力。19日，应中央要求再次进京，被严厉批评贯彻中央精神不力，并按中央要求写了检讨。此事在广东被称为"二进宫"。2月2日—3月6日，三次到深圳为特区党政班子撑腰打气。

4月22日，批准省委将省农委调查组的调查材料《关于陈志雄承包经营的情况报告》送到国家农委，肯定农村承包专业大户的雇工政策，极大地促进了广东专业户迅速发展。

5月20日，接受《世界经济导报》记者采访，提出不应盲目排外，但要自觉排污，即"排污不排外"原则，成为广东坚持对外开放的方针，对全国也产生很大影响。

9月，作为中共第十二次全国代表大会代表到京参加大会，当选为十二届中央委员。

10月14日，率领众干部前往香港爱国人士霍英东兴建的全国第一家外商投资的五星级宾馆广州白天鹅宾馆赴宴，以示支持。

12月2日，在五届全国人大五次会议上发言认为，对外开放不是过了头，而是开放得还不够。

1983年

2月，陪同胡耀邦视察深圳特区。胡耀邦称赞广东"经济开创了新局面，比较出色地完成了中央意图"。2月24日—3月4日，中共广东省第五次代表大会在广州召开，审查并通过了任仲夷所作的《改革，前进，开创新局面》的报告。任仲夷再次当选为省委第一书记。

3 月，批准广东在全国率先对用工制度进行改革，新招收职工推行劳动合同制，打破终身雇员制这一"铁饭碗"，并建立职工退休养老保险制度。

5 月，批准省委、省政府向中央报送关于打击走私贩私等经济犯罪活动的报告。

6 月，作为第六届全国人民代表大会代表到京参加大会。

1984 年

5 月 23—24 日，再次陪同胡耀邦视察深圳特区。胡耀邦题词"特事特办，新事新办，立场不变，方法全新"。

7 月，主持省委常委会议，决定下发中共广东省委 31 号文件，给予蛇口工业区十大自主权限。

10 月 22 日—11 月 10 日，以代表团顾问名义随以乔石为团长的中国访日代表团对日本进行访问。

1985 年

7 月，以 71 岁年事已高为由辞去中共广东省委第一书记及广东省军区第一政委职务。

9 月 16 日，参加中共十二届四中全会，向全会提出不再担任十二届中央委员的请求，获全会批准。9 月 23 日，参加党的全国代表会议，增选为十二届中央顾问委员会委员。

1986 年

9 月 23 日，在《人民日报》发表文章《党纪的内容不应一成不变》。

1987 年

9 月，在《开拓者》杂志、《南方日报》等发表访谈《对四项基本原则既要坚持又不能僵化》。

10 月，在《光明日报》发表访谈《科学社会主义理论的重大突破》。

11 月，作为中共第十三次全国代表大会正式代表到京参加大会，当选为十三届中央顾问委员会委员。

12 月 2 日，在《羊城晚报》发表访谈《经济建设要自觉运用价值规律》。

1988 年

2 月 4 日，在《经济日报》发表文章《谈社会主义初级阶段的价值规律》，在《理论与实践》杂志发表访谈《敢于解放思想就是敢于实事求是》。

3 月，作为第七届全国人民代表大会代表到京参加大会。

1989 年

4 月，在《开拓者》杂志发表文章《论新权威主义》。

5 月，在《共鸣》杂志发表文章《治理整顿和深化改革必须按经济规律办事》，在《共产党员》杂志、《支部生活》杂志发表联合访谈《谈新时期党的建设和党刊工作》。

1990 年

9 月，在《南方日报》和《羊城晚报》发表联合访谈《再谈对外开放和排污不排外》一文，提出排污要注意来自外面和生自内部的污。

1991 年

4 月 3 日，在《南方日报》发表文章《改革开放和以经济建设为中心》。

1992 年

10 月，作为中共第十四次全国代表大会正式代表到京参加大会。

1994 年

12 月 27 日，在《羊城晚报》发表访谈《搞社会主义经济必须重视和发挥"两只手"的作用》。

1996 年

10 月 24 日，在《羊城晚报》发表访谈《各级干部决不是什么"父母官""老板"》。

1997 年

9 月，作为中共第十五次全国代表大会正式代表到京参加大会。

1998 年

6 月，在《百年潮》杂志发表文章《少数必须服从多数》。

8 月 2 日，在《羊城晚报》发表文章《穷则思变，富亦思变》。

10 月，在《半月谈》杂志发表文章《改革开放中"先行一步"的探索》。

1999 年

10 月 8 日，在《羊城晚报》发表《谈解放思想》。

2000 年

4 月，在《南方日报》、《羊城晚报》发表文章《再谈坚持四项基本原则》。

7 月，由广东人民出版社出版三卷本《任仲夷论丛》：第一卷《冲破禁锢——拨乱反正篇》、第二卷《先行一步——改革开放篇》、第三卷《是是非非——政治文化篇》，在第三卷中发表文章《"是是非非"，即实事求是》。

2002 年

11 月，作为中共第十六次全国代表大会正式代表到京参加大会。

2005 年

11 月 15 日，在广州与世长辞，享年 92 岁。

责任编辑：朱云河
封面设计：林芝玉
版式设计：汪　莹
责任校对：白　玥

图书在版编目（CIP）数据

任仲夷画传 / 李次岩 著 . —北京：人民出版社，2018（2024.2
　再版）
ISBN 978－7－01－019845－3

I.①任… 　II.①李… 　III.①任仲夷（1914-2005）- 传记 - 画册
　IV.① K827=7

中国版本图书馆 CIP 数据核字（2018）第 221335 号

任仲夷画传

REN ZHONGYI HUAZHUAN

李次岩　著

人民出版社 出版发行
（100706　北京东城区隆福寺大街 99 号）

北京华联印刷有限公司印刷　新华书店经销

2024 年 2 月第 2 版　2024 年 2 月北京第 1 次印刷
开本：880 毫米 ×1230 毫米 1/32　印张：10.25
字数：194 千字

ISBN 978－7－01－019845－3　定价：76.00 元

邮购地址 100706　北京东城区隆福寺大街 99 号
人民东方图书销售中心　电话（010）65250042　65289539